ZAUBERHAFTE WINTERZEIT

ENIKÖ GRUBER

ZAUBERHAFTE WINTERZEIT

WEIHNACHTEN FEIERN MIT FAMILIE UND FREUNDEN

JAN THORBECKE VERLAG

Symbole

VEGAN

VEGETARISCH

FÜR MAX, MATILDA UND LEO

MIX
Papier aus verantwortungsvollen Quellen
FSC® C004592

Klimaneutral
Druckprodukt
ClimatePartner.com/14549-2003-1001

Für die Verlagsgruppe Patmos ist Nachhaltigkeit ein wichtiger Maßstab ihres Handelns. Wir achten daher auf den Einsatz umweltschonender Ressourcen und Materialien.

Verlagsgruppe Patmos in der Schwabenverlag AG, Ostfildern
www.thorbecke.de

Fotos: Nadine Burck: Seite 6, 8, 10, 12, 61, 105, 132, 178, 197; Jessica Nitsche: Seite 200.
Alle übrigen Fotos: Enikö Gruber.
Texte: Alle Texte, wenn nicht anders angegeben, von Enikö Gruber.
S. 104: © Anita Menger (www.weihnachtsgedichte-und-mehr.de)
Gestaltung: Finken & Bumiller, Stuttgart
Druck: Firmengruppe APPL, aprinta druck, Wemding
Hergestellt in Deutschland
ISBN 978-3-7995-1477-4

INHALT

AN WEIHNACHTEN FÜHREN ALLE WEGE NACH HAUSE

Meine Liebe zu Weihnachten reicht weit in meine Kindheit zurück. Damals verbrachten wir die Feiertage fast jedes Jahr bei meinen Großeltern in Budapest, und noch heute zieht sich mein Herz vor schönen Erinnerungen ein bisschen zusammen, wenn ich an diese zauberhaften Tage zurückdenke.

Die majestätischen Gebäude, die über und über in weihnachtliches Licht getaucht waren, Schlittschuhlaufen am heiligen Morgen, meinen Großmüttern bei den Vorbereitungen in der Küche zuschauen und zusammen mit meiner Tante den Tannenbaum schmücken, während im Radio Weihnachtslieder liefen. Und dann natürlich der Heilige Abend! Bevor die Geschenke ausgepackt wurden, versammelten wir uns alle um den Baum und lauschten Weihnachtsliedern, welche mein Großvater auf seinem alten Schallplattenspieler laufen ließ. Am Baum brannten Wunderkerzen und in der Luft lag die freudige Erwartung von Geschenken, gutem Essen und dem Zauber der kommenden Tage im Kreis von Familie und Freunden.

Die Erinnerungen an diese ganz besonderen Tage haben mein Herz nachhaltig berührt, und so ist die Weihnachtszeit jedes Jahr etwas ganz Besonderes für mich. Eine Zeit des Wiedersehens, eine Zeit des Nachhausekommens und des Zusammenrückens. Eine Zeit des Zuhörens und des Erzählens. Eine Zeit, die nach heißem Punsch, Zimtgebäck und Erinnerungen schmeckt. Eine Zeit, um lieb gewonnene Traditionen zu zelebrieren und neue dazuzugewinnen. Eine Zeit, sich nach langen Spaziergängen durch frostige Wälder gemeinsam am lodernden Kaminfeuer mit einer Tasse heißem Apfel- oder Ingwerpunsch aufzuwärmen. Mit den besten Freundinnen im Kerzenschein und bei weihnachtlicher Musik selbst gebackene Kekse zu naschen und Glühwein zu trinken. Denn ist es nicht genau das, was die Magie der Weihnachtszeit in Wirklichkeit ausmacht?

Mit diesem Buch möchte ich euch ein ganz besonderes Geschenk machen und euch dazu einladen, die bevorstehende Zeit zu nutzen, um Erinnerungen zu schaffen. Erinnerungen, die euer Herz auch in vielen Jahren noch höherschlagen lassen. Erinnerungen an Momente, die einen lächelnd zurückdenken und „Weißt du noch, damals?“ sagen lassen. Sei es mit euren Kindern, dem oder der Liebsten, euren Familien oder guten Freunden. Die Rezepte und Ideen, die ihr auf den folgenden Seiten findet, sind auf Geselligkeit, Gastfreundschaft und Gemütlichkeit ausgelegt. Sie stecken voller alter und neuer Traditionen und sollen euch dazu inspirieren, eure Türen zu öffnen und ein bisschen Weihnachtsmagie hineinzulassen.

Auf den folgenden Seiten dreht sich daher alles um liebevoll zubereitete Geschenke aus der Küche, ausgedehntes Adventsfrühstück, gemeinsames Keksebacken, winterliches Soul Food mit Weihnachtmarktflair, eine entspannte Weihnachtfeier mit guten Freunden, köstliche und simple Weihnachtsmenüs und entspannte Rezeptideen, um gemeinsam das neue Jahr einzuläuten.

Zum Einstimmen habe ich euch als kleines Geschenk die passende musikalische Untermalung bereits vorbereitet: Auf Spotify findet ihr unter „Enis Winterzauber“ und „Enis Weihnachtszauber“ zwei Playlists mit Musik für die zauberhafte Weihnachtszeit.

Für eure selbst gemachten Geschenke findet ihr unter dem QR-Code hinten im Buch Etikettvorlagen zum Ausdrucken und auch an Menükärtchen für eure Festtafel wurde gedacht.

Ich wünsche euch eine zauberhafte Weihnachtszeit mit Liebe, Licht, Gemütlichkeit und viel gutem Essen!
Eure Eni

Das Geheimnis der Weihnacht besteht darin, dass wir auf unserer Suche nach dem Großen und Außerordentlichen auf das Unscheinbare und Kleine hingewiesen werden.

UNBEKANNTER VERFASSER

SO WIRD'S BESINNLICH: ENTSPANNT DURCH DEN ADVENT

Sie ist einfach wundervoll, die Vorweihnachtszeit. Und meiner Meinung nach viel zu kostbar, um sie in Hektik und Stress zu verbringen. Akribisch geplante Aktivitäten, Weihnachtsdeko, die bis ins kleinste Detail abgestimmt ist und optisch am besten in ein Lifestyle-Magazin passen soll. Berge von Geschenken, die besorgt und aufwendig verpackt werden wollen, prall gefüllte Adventskalender und ein ständig glühender Backofen, der quasi im Akkord die ausgefallensten Plätzchen produziert. To-Do-Listen, die gefühlt nicht kleiner werden wollen. All diese Dinge führen nicht selten dazu, dass wir uns Jahr für Jahr im Weihnachtsstress verlieren statt die Adventszeit und die Feiertage wegen ihrer eigentlichen Bedeutung zu zelebrieren.
Wenn ich an meine eigene Kindheit zurückdenke, muss ich gestehen, dass ich mich nur an wenige meiner vielen Weihnachtgeschenke oder Adventsüberraschungen erinnern kann. Das, was mir am deutlichsten in Erinnerung geblieben ist, ist die Zeit, die sich meine Familie für mich genommen hat. Wie wir zusammen den Weihnachtsbaum ausgesucht, Adventslichter angezündet und Plätzchen gebacken haben. Ich erinnere mich, wie wir in kuschelige Decken eingemummelt Weihnachtsfilme geschaut und nach langen Winterspaziergängen heiße Schokolade getrunken haben. Und ich weiß noch genau, wie ich den Duft von frischer Tanne und von nelkengespickten Orangen geliebt habe und meine Mutter mir jedes Jahr am heiligen Morgen das Buch: „Am 4. Advent morgens um 4" vorgelesen hat.
In Wirklichkeit ist Weihnachten vor allem doch ein Stück Zuhause, das wir alle in unseren Herzen tragen. Eine Zeit, um Geschichten, Rituale und Traditionen wiederaufleben zu lassen und mit anderen zu teilen. Um bewusst und mit allen Sinnen zu erleben und die Dinge langsam angehen zu lassen! Eine Zeit für Liebe, Licht, Besinnlichkeit, Wärme und Entschleunigung. Wieso also nicht mal auf den Erwartungsdruck pfeifen und damit Raum für Vorfreude und Besinnlichkeit schaffen?

Hier sind meine Tipps für eine entspannte und besinnliche Weihnachtszeit:

Adventsrituale einführen
Sei es Frühstück bei Kerzenlicht oder eine feste Stunde am Tag, in der man es sich ganz bewusst mit einer Tasse Tee und einem Buch gemütlich macht. Kleine Rituale machen die Adventszeit zu etwas ganz Besonderem und helfen ungemein, um Entschleunigung in den Alltag zu bringen.

Kein Stress beim Dekorieren
Es ist immer gut, sich in Magazinen oder auf Pinterest Inspirationen zu holen, und dennoch sollte man sich darauf besinnen, wie man es selbst am schönsten findet – und das muss keineswegs perfekt, durchgestylt oder teuer sein. Unsere selbst geschreinerte Krippe, ein paar schöne Teelichthalter, eine Lichterkette, die gemütliche Wärme verströmt, mit etwas Goldlack besprühte Walnüsse, Faltsterne am Fenster – mehr braucht es für mich nicht, um in Weihnachtsstimmung zu kommen. Dafür stellen wir den Weihnachtsbaum gern schon während der Adventszeit auf – für uns die schönste Dekoration.

Interaktiver Adventskalender
In unserer Familie gibt es seit letztem Jahr statt täglicher kleiner Geschenke einen interaktiven Adventskalender. Gemeinsam Meisenknödel für die Vögel herstellen, selbst gemachten Punsch schlürfen, Weihnachtskarten basteln, Hefe-Nikoläuse backen und winterliche Fantasiereisen am Kaminfeuer stehen da zum Beispiel auf dem Programm. Die Aktivitäten müssen weder kostspielig noch aufwendig sein. Im Fokus stehen dabei die gemeinsame Zeit und die schönen Erinnerungen, die wir noch Jahre später mit uns tragen.

Hilfe anbieten und annehmen

Gemeinsam geht es einfach besser. Verantwortung abgeben, Aufgaben verteilen, gemeinsam planen und vorbereiten minimiert nicht nur Stress und Frust, sondern bringt Spaß und Geselligkeit. Und auch die Kleinsten freuen sich, wenn sie bei Vorbereitungen mit einbezogen werden. Besonders schön fand ich es immer, mit meinen Omas in der Küche zu stehen und mir von ihren eigenen Weihnachtserlebnissen aus Kindertagen erzählen zu lassen.

Schenken mit Bedacht

Je älter man wird, desto mehr stellt man fest, dass die Dinge, die man sich am meisten wünscht, mit Geld meist nicht zu kaufen sind. Eines der schönsten Geschenke, welches wir anderen, aber auch uns selbst machen können, ist meiner Meinung nach Zeit. Gemeinsame Ausflüge, Aktivitäten, kleine Reisen und Auszeiten sind immer eine schöne Idee. Aber auch materielle Geschenke, ob für Kinder, Freunde oder Familie, können mit etwas Bedacht unheimlich wertvoll sein. Macht das Geschenk langfristig Freude? Kann der andere vielleicht sogar etwas Sinnvolles daraus ziehen? Ist es ein Herzenswunsch? Weniger, wertvoll und von Herzen lautet meine Devise, um unnötige Käufe und Geschenkeberge zu vermeiden.

Prioritäten setzen

Natürlich hätten wir gern, dass unsere Wohnung zu Weihnachten blitzeblank ist, die Nägel fein säuberlich lackiert sind, die Frisur sitzt und die Geschenke makellos verpackt sind. Aber ist Perfektion in allen Bereichen wirklich notwendig, um eine schöne Atmosphäre zu erschaffen? Wie stellen wir uns die Weihnachtszeit vor, was ist uns besonders wichtig und auf welche Dinge können wir vielleicht doch ganz gut verzichten? Je mehr man den Fokus bewusst auf das Wesentliche richtet, desto leichter fällt es zu priorisieren und zeitraubende Details ohne schlechtes Gewissen zu streichen.

In Ruhe zurückblicken

Ein unheimlich schönes Ritual, das ich seit ein paar Jahren praktiziere, ist mich für ein paar Stunden hinzusetzen und das vergangene Jahr in aller Ruhe Revue passieren zu lassen. Dazu nehme ich mir ein kleines Heft und versuche, mir zu jedem Monat die wichtigsten Ereignisse und Erkenntnisse zu notieren, schöne und lehrreiche Erlebnisse festzuhalten. Eine einfache, aber sehr effektive Methode, um zur Ruhe zu kommen und Raum für Besinnlichkeit zu schaffen.

BUCKET LIST FÜR DEN WINTER

Hast du diesen Winter schon ...

- in der Stadt Tannenbäume gezählt?
- eine liebevolle Weihnachtskarte verschickt?
- den Kirchturmglocken beim Läuten zugehört?
- den Duft von Tannen ganz tief eigesogen?
- in der morgendlichen Dunkelheit Kerzen angezündet?
- ein schönes Buch bei Kerzenschein gelesen?
- einen Spaziergang im Winterwald gemacht?
- gebrannte Mandeln geknabbert?
- jemand anderem etwas Gutes getan?
- eine Playlist mit deinen liebsten Weihnachtliedern zusammengestellt?
- mit guten Freunden Glühwein getrunken und über die schönen Momente des letzten Jahres sinniert?
- ein Lebkuchenhäuschen dekoriert?
- den Schneeflocken beim Tanzen zugesehen?
- Bratäpfel im Ofen gebacken?
- unter dem Mistelzweig geküsst?
- deine Lieblingsplätzchen genascht?
- den ganzen Tag im Schlafanzug verbracht?
- jemand anderen nach seiner liebsten Weihnachtstradition gefragt?
- bei Kerzenschein gefrühstückt?
- die Weihnachtsgeschichte gelesen?
- Orangenscheiben getrocknet und den Duft genossen?
- alle Kissen und Decken auf dem Sofa ausgebreitet und die liebsten Weihnachtsfilme geschaut?
- heiße Schokolade mit klitzekleinen Marshmallows getrunken?
- dein liebstes Weihnachtsrezept weitergegeben?
- von Herzen Danke gesagt?

BEVOR ES LOSGEHT – WISSENSWERTES ZU REZEPTEN UND PLANUNG

Bevor es mit dem weihnachtlichen Kochen und Backen losgeht, habe ich euch auf den folgenden Seiten Wissenswertes zu Zutaten, Abläufen und Planung zusammengetragen. Auch für routinierte Köche und Köchinnen lohnt sich ein Blick allemal.

Die Zutaten

Für meine Rezepte verwende ich am liebsten saisonale Produkte aus der Region. Die Winterzeit bietet eine Vielzahl bunter und schmackhafter Obst- und Gemüsesorten. Kürbis, Rosenkohl, Maronen, Kartoffeln, Orangen, Rotkohl, Rüben & Co schmecken am besten frisch vom Markt.
Auch bei den Gewürzen setze ich auf qualitativ hochwertige Produkte. Ceylon-Zimt und Bourbon-Vanille haben ein besonders schönes Aroma und auch bei Honig und Ahornsirup lohnt es sich, auf Qualität zu setzen. Muskatnuss und Zitrusschalen sind am aromatischsten, wenn sie frisch gerieben werden.
Gemahlener Kümmel und Piment verleihen allen Gerichten ein weihnachtliches Aroma und sollten in keinem Gewürzschrank fehlen. Gerebelter Majoran passt hervorragend zu geschmortem Gemüse wie Kartoffeln, Kürbis und Möhren.
In einigen Rezepten werden Lebkuchen- und Spekulatiusgewürz verwendet. Diese bekommt man im gut sortierten Supermarkt oder auf Krämermärkten, Spekulatiuscreme und Dulche de Leche gibt es im Marmeladen- oder Aufstrich-Regal.
Wer zu Weihnachten eine traditionelle Weihnachtsgans oder Ente zubereiten möchte, sollte am besten frühzeitig beim Metzger oder Bio-Bauern seines Vertrauens vorbestellen.
Auch bei anderen Fleischsorten ist es vor den Feiertagen am besten, schon im Voraus Besorgungen zu machen. Wer beim Kochen Zeit sparen möchte, kann sich das Fleisch beim Metzger parieren und zuschneiden lassen. Zum Braten eignet sich Butterschmalz besonders gut. Es ist besonders hoch erhitzbar und im Geschmack feiner als Öl.

Festtagsmenüs und Kochen für mehrere Gäste

Ein festliches Menü auszurichten ist kein Hexenwerk. Entscheidend dafür sind meiner Meinung nach zum einen die richtige Vorbereitung und Planung, zum anderen die Kunst, sich nicht zu übernehmen. Die meisten Küchenpannen passieren nämlich, wenn man vor lauter Ambitionen in Hektik verfällt oder planlos an die Sache herangeht.

Mit den folgenden Tipps seid ihr für alle Eventualitäten gut gewappnet und einem entspannten Festtagsessen steht nichts mehr im Weg:

Lieblinge im festlichen Gewand
Ist es nicht langweilig, Jahr um Jahr das gleiche Gericht auf die Festtagstafel zu zaubern? Ganz und gar nicht, wenn ihr mich fragt! Mal davon abgesehen, dass man sich mit einer gewissen Routine keine Gedanken mehr darüber machen muss, ob und wie das Rezept gelingt, gehören für mich Traditionen fast schon wie der Tannenbaum zum Fest dazu. Davon abgesehen bietet so gut wie jedes Gericht einen gewissen Spielraum. Wie heißt es so schön? Wer die Regeln kennt, darf sie auch brechen.
Wie wäre es z.B. mit einer leckeren Orangenglasur für den langbewährten Lieblingsbraten? Eine neue Füllung und eine abgewandelte Sauce für die traditionelle Gans? Etwas Bratapfelkompott im Rotkohl oder zur Abwechslung mal Lebkuchen-Speckbrösel zu Omas klassischen Knödelrezept? Ihr seht, man muss nicht unbedingt ein komplett neues Menü aus dem Hut zaubern, um etwas Neues zu wagen.

Und wenn ihr euer Traditionsgericht doch mal gegen etwas ganz Neues tauschen wollt? Kein Problem! Am besten sucht ihr euch dafür ein Gericht aus, das ihr so (oder so ähnlich) schon ein paarmal erfolgreich auf den Tisch gebracht habt! Aus Erfahrung weiß ich nämlich, dass auch die ausführlichsten und besten Rezepte in der Praxis schon mal die ein oder andere kleine Tücke bergen können. Plötzlich passen Garzeit oder Konsistenz nicht so richtig oder noch schlimmer: Es schmeckt nicht wie erhofft! Wer die Grundzüge seines Gerichtes schon kennt, kann sich beim Kochen entspannt zurücklehnen und ist für eventuelle Pannen gut gerüstet!

Gekauft ist besser als gestresst

Eine meiner wichtigsten Lektionen in den letzten Jahren, was Kochen und Vorbereiten im Allgemeinen angeht: Es muss nicht immer alles selbst gemacht sein! Natürlich ist ein frisch gebackenes Brot, eine selbst geschlagene Butter oder ein eigens kreierter Likör etwas ganz Besonderes, aber mal im Ernst: Wenn euch die Zubereitung von Brot, Brötchen und Sahnelikör schon im Alltag Stress bereitet, würde ich euch nicht empfehlen, ausgerechnet an Weihnachten damit anzufangen. Blätterteig oder Quicheteig z.B. kaufe ich regelmäßig im Kühlregal, Roastbeef-Scheiben beim Metzger und auch die Cracker und Grissini für meine Käseplatte sind nicht von Hand gemacht. Das bedeutet jedoch keineswegs, dass meine Menüs deswegen mit weniger Liebe geplant und gekocht worden sind.

Teamwork makes the dream work

Am Ende wird euch das perfekteste und leckerste Menü nur halb so viel Freude bereiten, wenn ihr euch dafür den ganzen Tag in der Küche abgemüht habt. Glaubt mir, ich spreche da aus Erfahrung. Während ich vor ein paar Jahren noch ernsthafte Probleme damit hatte, meine Menüplanung auch nur geringfügig aus der Hand zu geben, ist es inzwischen ganz selbstverständlich, dass meine Mutter das Dessert, meine Oma ihren weltbesten Kartoffelsalat und mein Papa meinen Lieblingslikör und Wein zu unserem Festessen beisteuert. Abgesehen davon, dass ein bisschen Unterstützung den Ablauf ungemein entspannt, stelle ich immer wieder fest, dass es allen eine unheimliche Freude bereitet, zu einem gelungenen Essen beitragen zu können.

Vorbereitung & Mise en Place

Salatdressings, Suppen und auch viele Desserts können oft bereits mehrere Tage im Voraus zubereitet und gut gekühlt bzw. eingefroren gelagert werden. Dasselbe gilt für sämtliche Toppings, wie z.B. selbst gemachte Croûtons, karamellisierte Nüsse, Gremolata und Speckbrösel.
Beilagen wie Rotkohl, Klöße oder Spätzle bereite ich schon 1–2 Wochen vor dem Fest im großen Stil zu und bewahre sie in der Tiefkühltruhe auf.
Auch Gemüse, Salat und Obst können am Vortag geschält, geschnippelt oder geputzt werden. Zudem ist es eine gute Idee, sich seinen Arbeitsplatz so strukturiert wie möglich zu organisieren. Dadurch hat man alle wichtigen Komponenten direkt zur Hand und kann ohne Stress und Hektik mehrere Gänge servieren.
Mit jedem Punkt, den ihr vorzeitig von eurer To-Do-Liste abhaken könnt, gewinnt ihr Zeit, um euren Tag so entspannt wie möglich zu gestalten. So steht einem gemütlichen Weihnachtsmorgen mit Punsch und Weihnachtsfilmen auf der Couch nichts mehr im Weg!

Keine Angst vor Planänderungen!

Die Suppe ist nichts geworden? Das Dessert will einfach nicht fest werden? Ich weiß, wie ärgerlich es ist, einen liebevoll geplanten Menüpunkt von der Liste zu streichen. Was ich allerdings noch viel schlimmer finde, ist sich den Tag wegen ein paar kleiner Küchenpannen verderben zu lassen. Da hilft nur darüber lachen und Plan B aus dem Ärmel zu zaubern: ein frisches Baguette und ein paar Antipasti vom Markt (die finden spätestens beim großen Familienraclette an Silvester ihren Einsatz) und eine Familienpackung des Lieblingseises aus der Tiefkühltruhe!

**Zeit für Liebe und Gefühl,
heute bleibt's nur draußen kühl.
Kerzenschein und Plätzchenduft,
Weihnachten liegt in der Luft.**

UNBEKANNTER VERFASSER

SELBSTGEMACHTES VON HERZEN – GESCHENKE AUS DER KÜCHE

Mit Liebe und Sorgfalt zubereitet und mit selbst gemachten Etiketten und Samtbändern hübsch verziert: Weihnachtliche Geschenke aus der eigenen Küche sind immer etwas ganz Besonderes – und das nicht nur für den Beschenkten. An kalten Abenden, bei gedimmtem Licht und Kerzenschein in der Küche zu stehen, mit dem Duft von geschmolzener Schokolade und Lebkuchen in der Nase und leiser Weihnachtsmusik im Ohr köstliche Kleinigkeiten für liebe Menschen zuzubereiten, verbreitet seinen ganz eigenen Zauber. Düfte und Klänge, die Erinnerungen wecken, und die Freude darüber, lieben Menschen eine Freude zu bereiten –ganz plötzlich ist das Gefühl von Weihnachten zum Greifen nah.

VEGAN

GEWÜRZ-BIRNENMUS

DIESES SÜẞLICH-WÜRZIGE MUS PASST HERRLICH ZU MILCHREIS, PFANNKUCHEN ODER WAFFELN!

FÜR ETWA 4 GLÄSCHEN À 250 ML

ZUBEREITUNGSZEIT: 35 MINUTEN

ZUTATEN

1 kg reife Williams-Christ-Birnen
40 g brauner Zucker
1 Pck. Bourbon-Vanillezucker
2 gestrichene TL Zimt
2 Msp. Muskatnuss
1 gestrichener TL arabisches Kaffeegewürz (Mischung aus Nelke, Piment, Vanille und Kardamom)
Saft und Abrieb einer halben Bio-Limette
etwas Wasser

Die Birnen schälen, vom Kerngehäuse befreien und in grobe Stücke schneiden.

Die Birnen in einen großen Topf geben, den Zucker, den Vanillezucker, die Gewürze, den Limettensaft und -abrieb hineingeben, etwas Wasser hinzufügen und bei mittlerer bis hoher Hitze ca. 30 Minuten köcheln lassen.

Das gekochte Obst mit einem Pürierstab grob pürieren, gegebenenfalls nachwürzen und anschließend in saubere Gläser gefüllt aufbewahren. Das Mus hält sich ungeöffnet etwa 2 Monate.

ENIS GEHEIMTIPP

Das Gewürz-Birnenmus funktioniert natürlich auch mit Äpfeln oder mit einem Mix aus Äpfeln und Birnen. Dabei sollten die Birnen schön reif und weich sein. Und es kann noch mehr: Mit etwas Olivenöl, Apfelessig, Senf und Knoblauch kann daraus auch ein schnelles Salatdressing gezaubert werden.

VEGETARISCH

SPEKULATIUS-NOUGAT-LIKÖR

EIN SCHLÜCKCHEN GLÜCK! AN SELBST GEMACHTEM LIKÖR MAG ICH BESONDERS GERN, DASS MAN DIE ALKOHOLMENGE GANZ INDIVIDUELL ANPASSEN KANN. ICH NEHME IMMER ETWAS WENIGER, SO KOMMT DER HERRLICH NUSSIGE, WEIHNACHTLICHE GESCHMACK AM BESTEN ZUR GELTUNG.

FÜR ETWA 3 FLASCHEN À 250 ML
ZUBEREITUNGSZEIT: CA. 30 MINUTEN

ZUTATEN

500 ml Sahne
120 g Puderzucker
200 g Spekulatiuscreme
2 EL Nuss-Nougat-Creme
1 TL Spekulatiusgewürz
1 Prise Salz
100–200 ml Wodka

Die Sahne in einen Topf geben und zusammen mit dem Puderzucker, der Spekulatiuscreme, der Nuss-Nougat-Creme, dem Spekulatiusgewürz und dem Salz unter Rühren langsam erhitzen, bis sich die Zutaten mit der Sahne verbunden haben. Den Topf vom Herd nehmen, den Wodka hinzufügen und mit einem Handrührgerät kurz durchrühren.

In saubere, sterilisierte Flaschen abfüllen und im Kühlschrank aufbewahren. Vor dem Servieren den Likör bei Zimmertemperatur für etwa 10 Minuten „erwärmen“.

VEGETARISCH

WÜRZIGES ROSMARIN-NUSS-GRANOLA

mit Honig & Chili

DIESES SALZIG-SCHARFE KNUSPERMÜSLI IST EIN ECHTER ALLROUNDER FÜR DIE WINTERZEIT! ES PASST HERRLICH ALS TOPPING ZU GEBACKENEM KÜRBIS, WINTERLICHEN FELDSALATEN ODER FESTLICHEN KÄSEPLATTEN!

ERGIBT CA. 3 GLÄSER À 250 ML
ZUBEREITUNGSZEIT: 30 MINUTEN

ZUTATEN

3 Tassen kernige Haferflocken
8 getrocknete Aprikosen
2 Zweige Rosmarin
1 TL Chiliflocken
1 Prise Salz
Abrieb einer Bio-Orange
5 EL neutrales Öl
4 EL Honig
1 Tasse Walnüsse
½ Tasse Erdnüsse
½ Tasse Rauchmandeln

Den Ofen auf 175 °C Ober-/Unterhitze vorheizen und ein Backblech mit Backpapier auslegen.

Alle Zutaten bis auf die Nüsse und Mandeln in einer Schüssel gut vermischen und die Haferflockenmischung gleichmäßig auf dem Backblech verteilen.

Im vorgeheizten Ofen etwa 25 Minuten lang backen.

Die Nüsse und Mandeln grob hacken und in den letzten 10 Minuten der Backzeit zu dem Granola hinzugeben.

Das Granola aus dem Ofen nehmen und vollständig auskühlen lassen. In verschließbaren Gläsern hält es sich ca. 6 Wochen.

VEGAN

WINTERPUNSCH-MARMELADE

SCHON SEIT MEINER FRÜHESTEN KINDHEIT HABE ICH EINE SCHWÄCHE FÜR GLÜHWEINBONBONS, WIE MAN SIE AUF DEM WEIHNACHTSMARKT BEKOMMT. VERMUTLICH MAG ICH DIESE MARMELADE DESHALB SO GERN: SIE SCHMECKT NÄMLICH FAST GENAUSO – NACH BEEREN, ZITRUSFRÜCHTEN, GLÜHWEIN UND WINTERLICHEN GEWÜRZEN.

ERGIBT CA. 4–5 KLEINE GLÄSER À 100 ML

ZUBEREITUNGSZEIT: 35 MINUTEN

ZUTATEN

500 g TK-Himbeeren
1 Apfel
400 ml Glühwein oder alkoholfreier Früchtepunsch
80 ml Orangensaft
Saft und Abrieb einer halben Bio-Limette
500 g Gelierzucker
etwas Rum (optional)

Die Beeren in einer Schüssel auftauen lassen. In der Zwischenzeit den Apfel schälen, entkernen und fein reiben.

Alle Zutaten bis auf den Rum (falls er verwendet wird) in einen großen Topf geben und erhitzen. Sobald die Masse anfängt zu gelieren, die Temperatur reduzieren und auf niedriger Hitze unter Rühren etwa 5 Minuten weiterköcheln.

Die Marmelade mit einem Stabmixer durchpürieren und die Gelierprobe machen. Falls die Marmelade noch etwas zu flüssig sein sollte, weiterköcheln, bis die gewünschte Konsistenz erreicht ist.

Nach Belieben etwas Rum unterrühren und in heiß ausgespülte Twist-off-Gläser füllen, verschließen und die Gläser auf den Deckel stellen.

VEGAN

GEBRANNTES HASELNUSSMUS

GEBRANNTE HASELNÜSSE BEKOMMT MAN AUF WEIHNACHTSMÄRKTEN, ABER AUCH IN GUT SORTIERTEN SUPERMÄRKTEN. IN EINEM LEISTUNGSSTARKEN MIXER VERWANDELN SIE SICH BLITZSCHNELL IN EIN KÖSTLICHES MUS, DAS MAN AM LIEBSTEN DIREKT AUS DEM GLAS LÖFFELN WÜRDE. DAS REZEPT FUNKTIONIERT NATÜRLICH AUCH MIT MANDELN.

ERGIBT 1 GLAS À 150 ML

ZUBEREITUNGSZEIT: 10 MINUTEN

ZUTATEN

200 g gebrannte Haselnüsse, alternativ gebrannte Mandeln

Die Haselnüsse in einem leistungsstarken Mixer so lange mixen, bis das Öl aus den Nüssen austritt und eine cremige Masse entsteht. Das Mus in sterilisierte Gläser füllen und nach Anbruch im Kühlschrank aufbewahren.

VEGAN

RUBINROTES CRANBERRY-CHUTNEY

KEIN WEIHNACHTEN OHNE CRANBERRY-CHUTNEY – KEIN WITZ. DAS TIEFROTE CHUTNEY IST NICHT NUR EIN MUSS ZU GANS, ENTE UND BRATEN, SONDERN VERFEINERT ROTKOHL, DUNKLE SAUCEN UND KÄSEPLATTEN. MEIN GEHEIMTIPP: MIT MAYONNAISE UND SAHNE-MEERRETTICH ZU CRANBERRY-MAYO VERRÜHREN.

FÜR 1 GLAS

ZUBEREITUNGSZEIT: 20 MINUTEN

ZUTATEN

450 g frische Cranberrys
180 g brauner Zucker
Abrieb und Saft einer mittelgroßen Bio-Orange
50 ml Wasser
1 EL Rum (nach Geschmack auch mehr)
1 Prise Zimt
1 Prise Piment

Die Cranberrys mit dem braunen Zucker, dem Orangensaft und -abrieb, dem Wasser und dem Rum in einem kleinen Topf vermischen.

Unter sanftem Rühren etwa 10–12 Minuten köcheln lassen, bis die Schalen der Cranberrys leicht aufplatzen.

Die weichen Cranberrys nun mit der Rückseite eines Kochlöffels leicht zerdrücken, vom Herd nehmen und ggf. mit Zucker, Rum oder Gewürzen abschmecken und auskühlen lassen. Das Cranberry-Chutney wird nach dem Abkühlen fester und kann in einem sterilisierten Marmeladenglas mehrere Wochen aufbewahrt werden.

VEGETARISCH

BLITZSCHNELLES OFEN-PFLAUMEN-CHUTNEY

ICH LIEBE CHUTNEYS! DIE KOMBINATION AUS FRUCHTIG, WÜRZIG, LEICHT SÄUERLICH UND EINEM TICK SCHÄRFE IST EINFACH FANTASTISCH. DURCH DIE ORIENTALISCHEN GEWÜRZE, DIE WAHNSINNIG GUT ZU DEN PFLAUMEN PASSEN, SCHMECKT DIESE VARIANTE WUNDERBAR WEIHNACHTLICH!

FÜR 2 KLEINE GLÄSER

ZUBEREITUNGSZEIT: 25 MINUTEN

ZUTATEN

300 g reife Pflaumen oder Zwetschgen
2 rote Zwiebeln
1 große Knoblauchzehe
1 kleiner roter Chili
20 g Butter
45 g brauner Zucker
2 TL Ras el-Hanout
100 ml Glühwein
2 EL Balsamico-Essig
1 Zimtstange
1 Lorbeerblatt
3 Nelken
1 TL Orangenschale
Salz und Pfeffer
Ahornsirup (optional)

Die Pflaumen waschen, halbieren, vom Kern befreien und vierteln. Die Zwiebeln und den Knoblauch schälen und fein hacken. Den Chili entkernen und ebenfalls fein hacken.

Die Butter im Topf schmelzen, den braunen Zucker hinzugeben und unter Rühren karamellisieren lassen. Die Pflaumen, die Zwiebeln und den Knoblauch hinzugeben und kurz anschwitzen. Das Ras el-Hanout, den Chili, den Glühwein, den Essig, die Zimtstange, das Lorbeerblatt, die Nelken und die Orangenschale hinzugeben, kurz aufkochen und die Temperatur auf mittlere Hitze reduzieren. Unter halb verschlossenem Deckel etwa 25 Minuten köcheln lassen.

Lorbeerblatt, Zimtstange und Nelken aus dem Chutney nehmen. Mit etwas Salz und Pfeffer abschmecken und, falls nötig, mit etwas Ahornsirup nachsüßen. In ein Schraubglas füllen und abkühlen lassen.

Wer es nicht so stückig mag, kann das Chutney vor dem Abfüllen kurz mit einem Stabmixer glatt pürieren.

VEGETARISCH

ZWEIERLEI WEIHNACHTLICHE BUTTER

ICH LIEBE AROMATISIERTE BUTTER! KAUM ETWAS IST SO SCHNELL HERGESTELLT UND HAT DENNOCH EINEN WOW-EFFEKT AUF DEM TISCH. DIE WEIHNACHTSBUTTER MACHT SICH TOLL ZU ETWAS KNUSPRIGEM BAGUETTE, IST ABER AUCH EIN WUNDERBARER BEGLEITER ZU RIND, ENTE & WILD. DIE ZIMTBUTTER SCHMECKT HERRLICH ZU FRISCHEN PFANNKUCHEN UND WAFFELN.

ERGIBT JEWEILS 250 G BUTTER
ZUBEREITUNGSZEIT: 15 MINUTEN + CA. 2 STUNDEN KÜHLZEIT

WEIHNACHTSBUTTER

2 Knoblauchzehen
3 Stängel Rosmarin
4 Stängel Thymian
10 Salbeiblätter
50 g Cranberrys
250 g sehr weiche gesalzene Butter
1 TL Mandarinenschale
1 TL Salz
½ TL Kümmelpulver
3 Prisen Pfeffer
3 Prisen Piment

Den Knoblauch schälen. Die Kräuter, den Knoblauch und die Cranberrys sehr fein hacken.

Die Butter in eine Rührschüssel geben. Die übrigen Zutaten hinzugeben und mit den Knethaken eines Rührgerätes gut verrühren. Die Butter in sterilisierte Gläschen füllen und im Kühlschrank aufbewahren.

ZIMTBUTTER MIT INGWER UND ORANGE

2 cm Ingwer
250 g sehr weiche Butter
4 EL flüssiger Honig
3 TL Zimt
2 EL Puderzucker
2 TL Orangenschale
1 Prise Salz

Den Ingwer schälen und fein reiben.

Die Butter in eine Rührschüssel geben. Die übrigen Zutaten hinzugeben und mit den Knethaken eines Rührgerätes gut verrühren. Die Butter in sterilisierte Gläschen füllen und im Kühlschrank aufbewahren.

VEGAN

DUFTENDES DUKKAH

MEIN LIEBSTES GESCHENK AUS DER KÜCHE IST VERMUTLICH DUKKAH. WER SIE EINMAL PROBIERT HAT, WIRD NIE WIEDER OHNE DIE ÄGYPTISCHE NUSS-GEWÜRZMISCHUNG LEBEN KÖNNEN. SIE VEREDELT, WAS SIE BERÜHRT. EIN EINFACHES BUTTERBROT, EIN KARTOFFELPÜREE, GERÖSTETES GEMÜSE ODER EIN RÜHREI – DURCH EINE KLEINE PRISE DUKKAH WERDEN DIE EINFACHSTEN GERICHTE ZU ETWAS GANZ BESONDEREM!

FÜR 300 G

ZUBEREITUNGSZEIT: CA. 45 MINUTEN

ZUTATEN

150 g Haselnüsse
50 g Kürbiskerne
30 g Pinienkerne
3 EL Fenchelsamen
2 EL Kreuzkümmelsamen
4 EL Sonnenblumensamen
2 EL schwarze Pfefferkörner
7 EL Koriandersamen
5 EL Sesamsamen
3 TL Schwarzkümmelsamen
2 TL getrocknete Chiliflocken (oder Chilis, je nach Geschmack auch mehr oder weniger)
1 TL Paprika edelsüß
2 TL getrockneter Thymian
3 TL Meersalz-Flocken oder Fleur de Sel

Zuerst die Haselnüsse rösten, bis die Nüsse duften und die Haut sich löst. Das geht entweder bei mittlerer Hitze in einer kleinen Pfanne unter ständigem Rühren oder im Ofen bei 220 °C Ober-/Unterhitze mit etwas selteneren Wenden. In beiden Fällen dauert es 10–15 Minuten, bis die Nüsse fertig sind. Danach die Nüsse ein bisschen, aber nicht zu sehr abkühlen lassen und in einem Küchentuch die Häute abrubbeln, soweit es geht.

Alle anderen Körner und Samen einzeln und nacheinander in einer kleinen Pfanne golden rösten, bis sie duften und beginnen zu knistern. Immer schön rühren. Die Chilis nur kurz rösten. Abkühlen lassen, dann alle Nüsse und Gewürze nacheinander und immer noch einzeln mörsern.

Alle gemörserten Zutaten mit Paprika, Thymian und Salz mischen. In Schraubdeckelgläsern aufbewahren.

Ich weiß nicht, wann woanders Weihnachten beginnt, aber bei uns in Bullerbü beginnt es an dem Tag, an dem wir Pfefferkuchen backen. Wir bekamen immer jeder einen großen Klumpen Teig und durften daraus backen, was wir wollten. Am liebsten stachen wir mit unserer besten Form kleine Schweinchen aus.

ASTRID LINDGREN

GEHEIMNISSE AUS DER KEKSDOSE – KÖSTLICHE PLÄTZCHEN UND WEIHNACHTLICHE NASCHEREIEN

Wenn draußen der erste Frost über Bäume und Wiesen zieht, die Öfen anfangen zu glühen und der buttrig-zarte Duft von Vanillekipferln und Glühwein durch das Haus zieht, ist Weihnachten nicht mehr weit. Das Backen der bunten Kekse und Plätzchen versüßt uns nicht nur alle Jahre wieder die Tage bis zum Fest, sondern ist seit meiner Kindheit eine lieb gewonnene Tradition, die ich am liebsten mit meinen Kindern oder den besten Freundinnen zelebriere.

Schon lange geht es dabei nicht um die Vielzahl oder die Ausgefallenheit der Plätzchensorten. Sich Zeit füreinander nehmen, gemeinsam lachen und besinnliche Momente genießen steht für mich Vordergrund. Mit der Weihnachtsbäckerei starte ich am liebsten schon ganz entspannt in den letzten Novemberwochen, und nicht selten kommt es vor, dass die Keksdosen im Laufe der Adventszeit von Neuem gefüllt werden müssen, denn Gelegenheiten, um es sich mit einem großen Teller Weihnachtsplätzchen oder einem Stück leckerem Glühwein-Gugel gemütlich zu machen, finden sich immer. Ob beim Adventskaffee mit guten Freunden, als kleine Knabberei beim Vorlesen von winterlichen Märchen oder beim kuscheligen Weihnachtsfilm-Marathon – die kleinen Leckereien sind aus der Adventszeit nicht wegzudenken!

In diesem Kapitel finden sich meine liebsten Plätzchenrezepte, aber auch leckere Kuchen und winterliche Naschereien. Außerdem habe ich euch ein bisschen Inspiration für frischen Wind in euren Plätzchendosen mitgebracht, denn manchmal reicht es, ein paar klitzekleine Details zu verändern, um aus einem heißgeliebten Klassiker etwas Neues zu machen!

SO WIRD'S ENTSPANNT:

Weg mit hochgeschraubten Ansprüchen

Es müssen nicht immer zwölf verschiedene Sorten in der Plätzchendose liegen. Die Weihnachtsbäckerei sollte keineswegs in Stress ausarten, sondern vor allen Dingen Spaß machen und auf das Fest einstimmen. Eine große Box mit der absoluten Lieblingsplätzchensorte schmeckt genauso gut und ist oft die entspanntere Option.

Plätzchentausch

Auch eine Sache, die ich alle Jahre gerne mache. Ob mit der Schwester, der Nachbarin, guten Freundinnen oder mit der Mama, jeder backt das, was er am besten kann. Anschließend trifft man sich zu einer gemütlichen Tasse Punsch und teilt seine Schätze auf.

Gemeinsam backen

Wie wäre es, sich mal wieder mit guten Freunden zum gemeinsamen Backen zu verabreden? Jeder bereitet den ein oder anderen Teig vor und bei Weihnachtsmusik und Lichterglanz wird gebacken, gequatscht und gelacht – und wer weiß, vielleicht entstehen dabei nicht nur leckere Plätzchen, sondern auch die ein oder andere lieb gewonnene Adventstradition.

Tipps für frischen Wind in der Plätzchendose

Toppings
kandierter Ingwer
Krokant
grob gehackte gebrannte Mandeln
karamellisierte Pistazien

Füllungen
Lemon oder Orange Curd
selbst gemachte Karamellcreme oder Dulche de Leche
Honig-Mandelmus
geschmolzener Nougat
Marzipan

VEGETARISCH

VANILLE-KARDAMOM-KIPFERL

mit Zimt-Puderzucker

ICH GLAUBE, WENN ICH MICH FÜR EINE PLÄTZCHENSORTE ENTSCHEIDEN MÜSSTE, DIE WIRKLICH JEDES JAHR AUF DEN PLÄTZCHENTELLER MUSS, WÄREN ES DEFINITIV VANILLEKIPFERL! DIE LIEBLINGSPLÄTZCHEN MEINER KINDHEIT SIND EIN ECHTER KLASSIKER UND FESTER BESTANDTEIL UNSERER WEIHNACHTSTRADITION!

ERGIBT CA. 60 STÜCK
ZUBEREITUNGS- UND BACKZEIT:
CA. 35 MINUTEN +
30–60 MINUTEN KÜHLZEIT

TEIG
280 g Mehl
220 g Butter (in Stückchen)
80 g Puderzucker
60 g gemahlene Mandeln
20 g gemahlene Haselnüsse
2 Pck. Bourbon-Vanillezucker
1 Prise Salz
1 gute Prise Kardamom
evtl. 1–2 EL Milch oder Sahne

ZUM WÄLZEN
120 g Puderzucker zum Wälzen
1 TL Zimt
3 Pck. Bourbon-Vanillezucker

ENIS GEHEIMTIPP
Damit die kleinen Kipferl auch wirklich butterzart werden, am besten nicht zu dünn ausrollen und lieber etwas früher als zu spät aus dem Ofen holen!

Das Mehl in eine große Rührschüssel geben und in die Mitte eine Mulde drücken.

Die übrigen Zutaten der Reihe nach hineingeben und mit dem Knetaufsatz eines Rührgerätes zu einem gleichmäßigen Teig verarbeiten. Sollte der Teig zu krümelig sein, einfach 1–2 EL Milch oder Sahne unterkneten.

Den Teig anschließend in drei Stücke unterteilen und aus diesen dicke Rollen formen. Die Rollen in etwas Frischhaltefolie einschlagen und mindestens 30 Minuten im Kühlschrank ruhen lassen.

Den Ofen in der Zwischenzeit auf 180 °C Ober-/Unterhitze vorheizen.

Die Teigrollen nun mit einem scharfen Messer in gleichmäßige, ca.1,5 cm dicke Scheiben schneiden und aus diesen die Kipferl formen.

Die Kipferl mit etwas Abstand auf ein mit Backpapier ausgelegtes Blech legen, in die Mitte des vorgeheizten Ofens schieben und ca. 12–14 Minuten backen.

Den Puderzucker, den Zimt und den Vanillezucker in einem tiefen Teller mischen und die noch warmen Kipferl vorsichtig darin wälzen.

SCHOKO-PLÄTZCHEN

mit Erdnuss-Karamellfüllung

DIE ETWAS ANDEREN ENGELSAUGEN: SCHÖN SCHOKOLADIG UND MIT CREMIGER ERDNUSS-KARAMELLFÜLLUNG. WENN DAS ERGEBNIS SO LECKER SCHMECKT, KANN MAN DURCHAUS MAL VOM ORIGINALREZEPT ABWEICHEN!

ERGIBT ETWA 40 STÜCK
ZUBEREITUNGS- UND BACKZEIT: 1 STUNDE + 1 STUNDE KÜHLZEIT

TEIG
250 g Mehl
70 g Kakao
70 g gemahlene Haselnüsse
1 Pck. Vanillezucker
1 Prise Salz
170 g weiche Butter
85 g brauner Zucker
2 Eigelb

FÜLLUNG
15 g Butter
100 g Dulche de Leche (Karamellcreme)
1 Schuss Sahne
100 g gesalzene Erdnüsse

Für den Teig alle Zutaten in eine Rührschüssel geben und mit dem Knethaken eines Rührgerätes verquirlen. Den Teig mit bemehlten Händen zu einer Kugel formen und zugedeckt im Kühlschrank etwa 1 Stunde ruhen lassen.

Für die Füllung die Butter in einem Topf vorsichtig schmelzen. Die Karamellcreme hinzugeben und mit einem Schuss Sahne glatt rühren. Die Erdnüsse grob hacken und zu der Karamellmasse geben.

Den Ofen auf 180 °C Ober-/Unterhitze vorheizen und ein Backblech mit Backpapier auslegen.

Aus dem Teig etwa 2 cm große Kugeln formen und diese mit etwas Abstand auf dem Backblech platzieren. Mit dem Stiel eines Kochlöffels vorsichtig kleine Mulden hineindrücken. Auf der mittleren Schiene des Backofens etwa 12–15 Minuten backen.

Nachdem die Plätzchen ausgekühlt sind, die Erdnuss-Toffee-Creme in die Mulden füllen.

VEGETARISCH

WAFFEL-PLÄTZCHEN

mit Spekulatiuszucker

WAFFELPLÄTZCHEN SIND DAS PERFEKTE GEBÄCK ZUM ADVENTSKAFFEE UND BESONDERS BEI KLEINEN GÄSTEN SEHR BELIEBT! LECKERER KEKSTEIG WIRD ZU KLEINEN KUGELN GEFORMT UND IM WAFFELEISEN ZU HERRLICH MÜRBEN MINI-WAFFELN AUSGEBACKEN. MIT SPEKULATIUSZUCKER BESTÄUBT SCHMECKEN SIE BESONDERS LECKER!

ERGIBT ETWA 50 STÜCK

ZUBEREITUNGS- UND BACKZEIT: 30 MINUTEN

TEIG

275 g Weizenmehl
125 g Zucker
1 Pck. Backpulver
4 TL Vanillezucker
1 TL Zimt
1 Prise Salz
2 Eier
135 g kalte Butter

ZUM BESTREUEN

50 g Puderzucker
1–2 TL Spekulatiusgewürz

In einer Rührschüssel das Mehl, den Zucker, das Backpulver, den Vanillezucker, den Zimt und das Salz vermischen. Die Eier und die kalte Butter in Stückchen dazugeben und mit den Knethaken eines Rührgerätes auf höchster Stufe einige Minuten verrühren, bis der Teig eine gleichmäßige, feste Konsistenz hat.

Das Waffeleisen erhitzen und, falls nötig, einfetten. Mit einem Teelöffel immer 5 kleine Portionen Teig abstechen, diese mit den Händen zu kleinen Kugeln formen und die Herzen des Waffeleisens mit jeweils einer Kugel belegen. Sollte der Teig beim Rollen zu klebrig sein, einfach mit etwas Mehl bestäuben.

Das Waffeleisen zuklappen und jede Ladung etwa 3 Minuten lang goldbraun backen. Je nach Leistungsstärke des Waffeleisens kann es auch schneller gehen bzw. etwas länger dauern.

Die fertigen Kekse auf einen Teller legen und den Backvorgang so oft wiederholen, bis der Teig aufgebraucht ist.

In der Zwischenzeit den Puderzucker mit dem Spekulatiusgewürz mischen und mit einem kleinen Sieb auf die Plätzchen stäuben. Am besten direkt servieren!

VEGETARISCH

VANILLE-NUSS-GEWÜRZ-STÄNGCHEN

DIE ZARTEN GEWÜRZSTÄNGCHEN ERINNERN VON GESCHMACK UND KONSISTENZ HER EIN BISSCHEN AN ZIMTSTERNE, HABEN ABER DURCH VANILLE, PIMENT, KARDAMOM UND ORANGENSCHALE EIN GANZ BESONDERS FEINES AROMA. IN EINER LUFTDICHT VERSCHLOSSENEN PLÄTZCHENDOSE KÖNNEN SIE BIS ZU 4 WOCHEN AUFBEWAHRT WERDEN!

ERGIBT CA. 30 STÜCK

ZUBEREITUNGS- UND BACKZEIT: 45 MINUTEN + 1 STUNDE KÜHLZEIT

TEIG

250 g gemahlene Haselnüsse + etwas zum Arbeiten
250 g Zucker
½ TL Zimt
1 Prise Kardamom
1 Prise Nelkenpfeffer
1 Ei
1 Eigelb
1 TL Vanillepaste
1 TL Bio-Orangenabrieb

BAISERMASSE

1 Eiweiß
1 Prise Salz
125 g Puderzucker
1 TL Zitronensaft

Für den Teig zunächst die Nüsse, den Zucker und die Gewürze in einer Rührschüssel vermischen. Das Ei mit dem Eigelb mit einer Gabel verquirlen und zu der Nuss-Zucker-Mischung geben, die Vanillepaste und den Orangenabrieb hinzugeben und mit einem Handmixer grob verrühren. Den Teig mit feuchten Händen glatt kneten und anschließend in etwas Frischhaltefolie verpackt für etwa 1 Stunde kaltstellen.

Den Ofen auf 150 °C Ober-/Unterhitze vorheizen. Die Teigkugel mit den Händen etwas plätten und zu einem kleinen Rechteck formen. Die Arbeitsfläche mit etwas gemahlenen Nüssen bestreuen und das Teigrechteck mit einem Nudelholz etwa ½ cm dick ausrollen.

Für die Baisermasse das Eiweiß mit dem Salz sehr steif schlagen und den glatt gesiebten Puderzucker nach und nach hinzufügen. Zum Schluss den Zitronensaft dazugeben und alles verquirlen. Die Creme gleichmäßig auf dem Teig verteilen und die Oberfläche mit einem Teigschaber glatt streichen.

Den Teig in ca. 30 Stängchen teilen (ca. 5 × 2 cm) und auf einem mit Backpapier ausgelegten Backblech platzieren. Im vorgeheizten Ofen auf mittlerer Schiene in etwa 10–15 Minuten backen.

VEGETARISCH

SCHOKO-KIRSCH-RUGELACH

RUGELACH SIND EIN JÜDISCHES GEBÄCK, DAS NICHT NUR ZU WEIHNACHTEN SCHMECKT. DER TEIG WIRD MIT FRISCHKÄSE HERGESTELLT UND KANN NACH BELIEBEN MIT SCHOKOLADE, NÜSSEN ODER MARMELADE BEFÜLLT WERDEN.

ERGIBT CA. 60 STÜCK

ZUBEREITUNGS- UND BACKZEIT: 60 MINUTEN + 2–3 STUNDEN KÜHLZEIT

TEIG

280 g Weizenmehl + etwas zum Arbeiten
2 EL Zucker
1 TL Salz
250 g weiche Butter
200 g Frischkäse

FÜLLUNG

200 g gute Sauerkirschmarmelade
1–2 TL Zimt
100 g brauner Zucker
100 g allerbeste dunkle Schokolade
60 g Haselnüsse

ZUM BESTREICHEN

1 Eigelb
etwas Milch

ENIS GEHEIMTIPP

Die Rugelach schmecken lauwarm, aber ich mag sie besonders gern vollständig ausgekühlt, wenn die Schokolade etwas ausgehärtet ist.

Das Mehl in eine Schüssel sieben, Zucker und Salz hinzufügen und verrühren. Die Butter und den Frischkäse mit einem Rührgerät cremig rühren. Die Mehlmischung nach und nach unterrühren, bis ein glatter, weicher Teig entsteht. Den Teig mit Frischhaltefolie umwickeln und mindestens 2 Stunden, am besten über Nacht, kaltstellen.

Für die Füllung die Marmelade in einem Topf leicht erhitzen. Den Zimt mit dem braunen Zucker vermischen, die Schokolade und die Haselnüsse grob hacken.

Den Teig in 3 Teile schneiden, zu Kugeln formen und auf einer bemehlten Arbeitsfläche jeweils dünn zu einem Kreis mit etwa 30 cm Durchmesser ausrollen. Den Teig nun mit der Kirschmarmelade bestreichen und zuerst etwas Zimt-Zucker-Mischung, dann Schokolade und Nüsse gleichmäßig darauf verteilen.

Mit Hilfe eines Pizzaschneiders oder eines sehr scharfen Messers in ca. 15–16 spitz zulaufende Dreiecke teilen. Die Dreiecke nun von der breiten Seite her fest einrollen, sodass kleine Hörnchen entstehen. Das Eigelb mit etwas Milch verquirlen und die Hörnchen damit einpinseln.

Die Hörnchen auf einem mit Backpapier ausgelegten Backblech verteilen und vor dem Backen etwa 20 Minuten kaltstellen. In dieser Zeit den Ofen auf 180 °C Ober-/Unterhitze vorheizen und die anderen zwei Teigstücke zu Hörnchen verarbeiten.

Die Hörnchen etwa 20 Minuten backen, bis sie goldbraun sind, aus dem Ofen nehmen und auf einem Kuchengitter oder Rost vollständig auskühlen lassen. Den Vorgang mit den restlichen beiden Teigteilen wiederholen.

VEGETARISCH

FEINE GERBAUD-SCHNITTEN

WEIHNACHTEN BEDEUTET FÜR MICH ... GERBAUD-SCHNITTEN NASCHEN! IN UNGARN IST DIESES FEINE GEBÄCK EIN ABSOLUTER WEIHNACHTSKLASSIKER UND EIN WEIHNACHTEN OHNE GERBAUD GERADEZU UNVORSTELLBAR! ICH GEBE ZU, DIESES REZEPT IST MIT EIN KLEIN WENIG AUFWAND UND ETWAS FINGERSPITZENGEFÜHL VERBUNDEN, ABER WER DIE ZUBEREITUNGSSCHRITTE AUFMERKSAM BEFOLGT, WIRD BELOHNT!
DIE KOMBINATION AUS WALNÜSSEN, APRIKOSE UND SCHOKOLADE IST ETWAS GANZ BESONDERES, UND DER KUCHEN HÄLT SICH IM KÜHLSCHRANK BIS ZU 5 TAGE!

ERGIBT EINEN GROẞEN KUCHEN, DER IN BELIEBIG GROẞE STÜCKE ODER SCHNITTEN AUFGETEILT WERDEN KANN.
ZUBEREITUNGS- UND BACKZEIT: 75 MINUTEN + 60 MINUTEN KÜHLZEIT

ZUTATEN
100 ml Milch
100 g Zucker
15 g frische Hefe
350 g Weizenmehl
1 Prise Salz
1 Ei
200 g Butter

Die Milch in einem kleinen Topf leicht erwärmen. 1 EL des Zuckers und die Hefe hineinbröseln und an einem warmen Ort etwa 10 Minuten gehen lassen.

In der Zwischenzeit das Mehl mit dem restlichen Zucker und einer Prise Salz in eine Schüssel sieben, das Ei und die Butter in Würfeln hinzugeben und mit dem Knethaken eines Rührgerätes zu einer krümeligen Masse vermengen. Nun die Hefe-Milch-Mischung hinzufügen und alles zu einem glatten Teig verkneten. Den Teig in drei gleich große Stücke teilen und zugedeckt für eine Stunde kaltstellen.

Während der Teig ruht, zwei Stück Backpapier auf die Größe der Innenfläche der Backform (35 × 24 cm) zuschneiden. Die gemahlenen Walnüsse mit dem Puderzucker verrühren und die Aprikosenmarmelade bereitstellen.

Den Ofen auf 175 °C Ober-/Unterhitze vorheizen.

FORTSETZUNG →

FÜLLUNG

250 g gemahlene Walnüsse
200 g Puderzucker
500 g Aprikosenmarmelade

GANACHE

150 g weiche Butter
100 g Puderzucker
2–3 EL dunkles Kakaopulver
1 kleine Prise Salz
2–3 EL heißes Wasser

Eine der drei Teigkugeln aus dem Kühlschrank nehmen, auf das Backpapier legen und auf die Größe des Papiers rechteckig ausrollen. Überstehende Teigenden abschneiden und das Teigrechteck mit dem Backpapier auf der Unterseite vorsichtig in die Backform legen.

Auf dem Teig möglichst gleichmäßig die Hälfte der Aprikosenmarmelade und anschließend die Hälfte der Walnussmischung verteilen.

Nun die nächste Teigkugel aus dem Kühlschrank nehmen und auf dem übrigen Backpapier wie zuvor beschrieben ausrollen und überstehende Enden abschneiden. Den Teig diesmal mit dem Backpapier nach oben zeigend in die Backform legen und das Backpapier vorsichtig abziehen. Auch die zweite Platte wie zuvor mit Marmelade und Walnüssen belegen.

Die letzte Teigplatte bildet die Decke. Der Kuchen soll zum Schluss aus drei Schichten Teig und zwei Schichten Füllung bestehen.

Die Teigdecke vorsichtig mit einer Gabel einstechen und den Kuchen im vorgeheizten Ofen auf mittlerer Schiene etwa 35 Minuten backen. Nach dem Backen etwa eine Stunde in der Form auskühlen lassen.

Währenddessen für die Ganache die Butter in einem Topf vorsichtig schmelzen. Den Puderzucker, das Kakaopulver, das Salz und 2 EL heißes Wasser einrühren, bis die Ganache glatt ist und glänzt.

Die Ganache über dem Kuchen verstreichen und bei Zimmertemperatur etwa 1–2 Stunden abkühlen lassen. Anschließend kaltstellen. Zum Servieren in kleine Rechtecke oder Rauten schneiden.

ANTHONY HOROWITZ
DER FALL MORIARTY
ROMAN

VEGETARISCH

WINTERLICHER SCHOKO-GLÜHWEIN-GUGEL

SCHON SEIT MEINER KINDHEIT HABE ICH EINE BESONDERE SCHWÄCHE FÜR DEN ROTWEINKUCHEN MEINER OMA MAGDA! DIESER WUNDERBAR SAFTIGE SCHOKOLADENGUGELHUPF MIT GLÜHWEIN IST SOZUSAGEN DAS WEIHNACHTLICHE PENDANT DAZU UND MACHT SICH HERVORRAGEND ZU ADVENTSKAFFEE & CO!

FÜR EINEN KUCHEN MIT CA. 12 STÜCKEN
ZUBEREITUNGS- UND BACKZEIT:
CA. 75 MINUTEN

ZUTATEN

Butter und Mehl für die Form
125 g dunkle Schokolade
300 g weiche Butter
290 g Zucker
1 Pck. Vanillezucker
1 TL Bio-Orangenabrieb
2 Msp. Kardamom
6 Eier (Gr. M)
50 g Backkakao
125 ml Glühwein oder Punsch
300 g Mehl
1 Pck. Backpulver
1 TL Salz

Den Ofen auf 170 °C Ober-/Unterhitze vorheizen und eine große Gugelhupf-Form mit Butter ausfetten und mit Mehl ausstreuen.

Die Schokolade in kleine Stücke brechen und in einer kleinen Schüssel über einem heißen Wasserbad schmelzen.

In einer großen Rührschüssel zunächst die weiche Butter mit dem Zucker, dem Vanillezucker, der Orangenschale und dem Kardamom schaumig schlagen. Die Eier trennen und die Eigelbe einzeln hinzugeben. Nun den Backkakao, die Schokolade und den Glühwein zu der Buttermischung hinzufügen und weiterrühren.

Das Mehl, das Backpulver und das Salz in einer zweiten Schüssel gut vermischen, in die Buttermischung sieben und unterrühren. Das Eiweiß steifschlagen und die Masse vorsichtig unter den Teig heben. Den Teig in die Gugelhupfform füllen und im vorgeheizten Backofen ca. 60 Minuten backen.

Den Kuchen aus dem Ofen nehmen und die Stäbchenprobe machen, falls nötig noch 5 Minuten weiterbacken. Nach dem Backen ca. 15 Minuten auskühlen lassen. Nach Belieben mit Schokoglasur überziehen oder mit Puderzucker bestäuben.

VEGETARISCH

LEBKUCHEN-KONFEKT

DIESES SCHOKOLADIG-ZARTSCHMELZENDE KONFEKT IST NICHT NUR SÜNDHAFT LECKER, SONDERN HÜBSCH VERPACKT AUCH EIN TOLLES GESCHENK FÜR ALLE SCHOKOLADEN- UND LEBKUCHENFANS. EXPERIMENTIERFREUDIGE KÖNNEN DAS LEBKUCHENGEWÜRZ DURCH SPEKULATIUSGEWÜRZ ERSETZEN – DAS SCHMECKT AUCH SEHR LECKER!

ERGIBT CA. 35 STÜCK
ZUBEREITUNGSZEIT: 35 MINUTEN + 2–3 STUNDEN KÜHLZEIT

ZUTATEN
350 g gute Zartbitterschokolade
60 g Butter
310 g gezuckerte Kondensmilch (Milchmädchen)
2 EL Honig
1 TL Lebkuchengewürz
40 g Lebkuchen
150 g gute Vollmilchschokolade
1 Prise Meersalz

Eine quadratische Form (ca. 20 × 20 cm) mit Backpapier auslegen. Dabei darauf achten, dass an allen Seiten etwas Backpapier übersteht, damit das Konfekt später problemlos aus der Form gelöst werden kann.

Die Zartbitterschokolade grob hacken und mit der Butter, der gezuckerten Kondensmilch, dem Honig und dem Lebkuchengewürz in einer Schüssel über einem heißen Wasserbad schmelzen. Die Masse gut verrühren und etwa 10 Minuten stehen lasen.

Den Lebkuchen in kleine Stückchen schneiden und zu der Konfektmasse hinzugeben, die Masse nochmals verrühren und in die vorbereitete Form füllen. Mit einer Folie abgedeckt im Kühlschrank fest werden lassen.

Die Vollmilchschokolade ebenfalls hacken und über dem Wasserbad schmelzen. Eine gute Prise Meersalz hinzugeben, die Schokolade über das Konfekt geben und ca. 2 Stunden oder am besten über Nacht im Kühlschrank aushärten lassen.

Das Konfekt an den überstehenden Backpapierenden aus der Form ziehen und mit einem zuvor in heißes Wasser getauchten Messer in etwa 35 gleichmäßige Stücke schneiden.

VEGETARISCH

WEIẞE MACADAMIA-CRANBERRY-CROSSIES

DIE ERSTEN „PLÄTZCHEN", DIE ICH ALS KLEINES MÄDCHEN GANZ ALLEIN ZUBEREITET HABE, WAREN SCHOKO-CROSSIES. DAS REZEPT DAZU HATTE ICH AUS EINEM TASCHENKALENDER. KURZERHAND PLÜNDERTE ICH ALSO MEIN SPARSCHWEIN UND BEREITETE DIE CROSSIES IM ALLEINGANG ZU. DIE SCHOKOLADE HABE ICH DAMALS IN DER MIKROWELLE GESCHMOLZEN UND DIE KÜCHE ÄHNELTE EINEM SCHOKOLADEN-SCHLACHTFELD, ABER AM ENDE WAR ICH ZIEMLICH STOLZ. AUCH HEUTE LIEBE ICH DIE KLEINEN CROSSIES HEIẞ UND INNIG! DIE VARIANTE MIT MACADAMIA UND CRANBERRYS IST MEIN AKTUELLER FAVORIT!

ERGIBT ETWA 50 STÜCK

ZUBEREITUNGSZEIT: 30 MINUTEN + 2 STUNDEN KÜHLZEIT

ZUTATEN

500 g weiße Schokolade
125 g gesalzene Macadamianüsse
100 g Cornflakes
125 g getrocknete Cranberrys

Die Schokolade grob hacken und in einer Rührschüssel über einem heißen Wasserbad langsam schmelzen.

Währenddessen die Macadamianüsse grob hacken und mit den Cornflakes und den Cranberrys vermischen.

Die geschmolzene Schokolade kurz abkühlen lassen und die Cornflakes-Cranberry-Nuss-Mischung dazugeben. Alles gut vermischen und mithilfe von zwei Esslöffeln kleine Häufchen auf mit Backpapier ausgelegte Backbleche setzen. Die Crossies ca. 3 Stunden abkühlen lassen und anschließend in luftdichten Keksdosen aufbewahren.

Die größten Ereignisse, das sind nicht unserer lautesten, sondern unsere stillsten Stunden.

FRIEDRICH NIETZSCHE

EIN LICHTLEIN BRENNT – WEIHNACHTLICHES FRÜHSTÜCK UND ADVENTS-BRUNCH

Egal ob an Weihnachten oder unter der Woche, im Winter liebe ich es ganz besonders, langsam und gemütlich in den Tag zu starten. Am liebsten mit einer dampfenden Tasse Tee und Kerzenschein. Das helle Licht der Lampen darf noch etwas draußen bleiben, während wir uns auf dem Sofa nochmal gemütlich in die Decken kuscheln und leiser Musik oder einem Hörbuch lauschen, die Fenster öffnen und die klare Morgenluft hineinlassen. Ich mag es unheimlich, schon etwas früher als nötig aufzustehen und in aller Ruhe anzukommen.
Unter der Woche fällt das Frühstück meist weniger aufwendig aus, ein selbst gemachtes Müsli, ein leckeres Sandwich, manchmal reicht es sogar für ein Rührei. Dafür wird es dann am Wochenende richtig gemütlich und manchmal sitzen wir noch mittags mit unseren Schlafanzügen um den Tisch. An den Adventssonntagen gibt es dann immer etwas Besonderes zum Frühstück, darauf freuen wir uns alle schon die ganze Woche! Gemeinsam zünden wir die Kerzen am Adventskranz an und genießen unsere Waffeln mit Zimtbutter oder ofenwarme Nussschnecken. Und manchmal laden wir dazu auch unsere Freunde ein, denn zusammen ist es am schönsten. Dann bringt jeder etwas mit und bevor wir uns versehen, ist es plötzlich früher Abend und wir überlegen, ob wir noch zum Abendessen ein paar Nudeln in den Topf werfen und eine Flasche Wein aufmachen. So mag ich es.
In diesem Kapitel dreht sich also alles um schnelle, einfache und leckere Frühstücksideen, die euch hoffentlich zu vielen gemütlichen Stunden am kerzenbeleuchteten Tisch inspirieren!

VEGETARISCH

KÜRBIS-WAFFELN

mit Zimtbutter

JEDES JAHR IM HERBST GIBT ES IN UNSERER NÄHE EINE WUNDERSCHÖNE KÜRBISAUSSTELLUNG, BEI WELCHER ES ALLERLEI KÜRBISLECKEREIEN ZU PROBIEREN GIBT. FÜR UNS MARKIERT DIESES EVENT IMMER DEN EINSTIEG IN DIE GEMÜTLICHE ZEIT UND WIRD STILECHT MIT EINEM BERG KÜRBISWAFFELN ZELEBRIERT. UND DIE SIND SO LECKER, DASS SIE AUCH AM WEIHNACHTSMORGEN NICHT FEHLEN DÜRFEN! AM BESTEN SCHMECKEN SIE FRISCH VOM WAFFELEISEN UND MIT CREMIGER ZIMTBUTTER BESTRICHEN! DAS KÜRBISPÜREE AM BESTEN SCHON 1–2 TAGE VORHER HERSTELLEN UND IM KÜHLSCHRANK AUFBEWAHREN, DANN GEHT ES MIT DER ZUBEREITUNG BLITZSCHNELL!

FÜR ETWA 12–15 STÜCK

ZUBEREITUNGSZEIT: 20 MINUTEN

ZUTATEN

700 g Hokkaido-Kürbis
200 g Mehl
½ Pck. Backpulver
2 TL Zimt
2 Prisen Kardamom
1 Prise Muskat
1 Prise Salz
2 Eier
70 g brauner Zucker
2 Pck. Vanillezucker
250 ml Vollmilch
60 g geschmolzene Butter
Puderzucker oder Zimtbutter zum Servieren

Für das Kürbispüree den Hokkaido halbieren, von den Kernen befreien und grob würfeln. In einem Dampfgareinsatz über heißem Wasser in etwa 30 Minuten weich garen.

Den Kürbis pürieren und das Püree anschließend in einem sauberen Küchentuch gut auspressen, damit die Flüssigkeit ablaufen kann und der Teig nicht zu wässrig wird. Die Hälfte des Pürees (etwa 250–280 g) für den Teig abmessen. Das restliche Püree zugedeckt im Kühlschrank aufbewahren.

Die trockenen Zutaten, außer Zucker und Vanillezucker, in einer Schüssel vermischen.

In einer zweiten Schüsse die Eier mit dem Zucker und dem Vanillezucker verquirlen. Das Kürbispüree, die Milch und die Butter dazugeben und gut verrühren. Die Mehlmischung hineinsieben und mit dem Handgerät weiterrühren, bis ein dickflüssiger Teig entsteht.

Im vorgeheizten Waffeleisen je nach Form und Größe 1–2 kleine Schöpfkellen Teig geben und ausbacken. Mit Puderzucker und/oder Zimtbutter genießen.

VEGETARISCH

WEIHNACHTLICHES BIRCHERMÜSLI

ÄPFEL, CRANBERRYS, LEBKUCHENGEWÜRZ UND JEDE MENGE NÜSSE – DIESES BIRCHERMÜSLI VEREINT ALL UNSERE WINTERLIEBLINGE ZU EINEM LECKEREN UND GESUNDEN WEIHNACHTLICHEN FRÜHSTÜCK!

FÜR 4–6 PERSONEN

ZUBEREITUNGSZEIT: 15 MINUTEN

ZUTATEN

60 g Walnüsse + zusätzlich zum Servieren
60 g Haselnüsse + zusätzlich zum Servieren
1 Apfel
Mark einer Vanilleschote
300 g kernige Haferflocken
5 EL Chia- oder Leinsamen
50 g getrocknete Cranberrys
1 TL Zimt
1 Prise Kardamom
1 TL Lebkuchengewürz
1 Prise Muskatnuss
Schalenabrieb einer kleinen Bio-Orange
375 ml Milch
500 g griechischer Joghurt
5–6 EL Ahornsirup
3 EL Orangensaft

Die Nüsse hacken. Den Apfel schälen, grob reiben und mit dem Vanillemark verrühren. In einer großen Schüssel die Haferflocken, die Chiasamen, die Nüsse, die Cranberrys, den Zimt, den Kardamom, das Lebkuchengewürz, die Muskatnuss und die Orangenschale vermischen.

Die Milch, den Joghurt, den Ahornsirup und den Orangensaft dazugeben und alles gut verrühren.

Das Birchermüsli mit Frischhaltefolie gut abdecken und über Nacht im Kühlschrank quellen lassen.

Am nächsten Tag gegebenenfalls noch etwas Milch hinzufügen und mit Gewürzen oder Ahornsirup abschmecken.

VEGAN

WEIHNACHTS-MARKT-GRANOLA

OB IN HÜBSCH VERPACKTEN GLÄSCHEN ODER AUF DEM WINTERLICHEN FRÜHSTÜCKSTISCH, DIESES WEIHNACHTLICHE KNUSPERMÜSLI IST FÜR MICH EIN ABSOLUTES MUSS IN DER WINTERZEIT. SÜẞSÄUERLICHE CRANBERRYS TREFFEN AUF GEBRANNTE MANDELN, ORANGENSCHALE UND EINEN HAUCH VON SPEKULATIUSGEWÜRZ UND ERSCHAFFEN IM MUND EIN KLEINES AROMEN-FEUERWERK! DAS MÜSLI SCHMECKT GANZ HERVORRAGEND ZU JOGHURT UND WARMEN FRÜCHTEN UND KANN NACH BELIEBEN AUCH MIT LEBKUCHEN-GEWÜRZ ZUBEREITET WERDEN.

FÜR 1–2 GLÄSER À 200 ML

ZUBEREITUNGSZEIT: 30 MINUTEN

ZUTATEN

3 Tassen kernige Haferflocken
1 ½ Tassen Walnüsse und/oder Pekannüsse
2 TL Zimt
1 TL Spekulatiusgewürz (oder mehr, je nach Geschmack)
1 Prise Salz
Abrieb einer Bio-Orange
5 EL neutrales Öl
5 EL Ahornsirup
½ Tasse gebrannte Kürbiskerne oder Mandeln
1 Handvoll getrocknete Cranberrys

Den Ofen auf 175 °C Ober-/Unterhitze vorheizen.

In einer großen Schüssel alle Zutaten außer den gebrannten Mandeln und den Cranberrys gründlich vermischen, so dass die Haferflocken gleichmäßig mit Ahornsirup und Öl überzogen sind.

Die Müslimasse auf ein mit Backpapier ausgelegtes Backblech geben, im Ofen etwa 25 Minuten backen und dabei immer wieder vorsichtig mit einem Kochlöffel wenden.

Das Müsli aus dem Ofen holen, mit den gebrannten Kürbiskernen oder Mandeln und den Cranberrys bestreuen und abkühlen lassen. Nach einer halben Stunde sollte das Müsli ausgehärtet und knusprig sein. In einem luftdichten Glas aufbewahrt ist es ca. 3–4 Wochen haltbar.

VEGETARISCH

DAS PERFEKTE RÜHREI

ES MAG BANAL KLINGEN, ABER MIR FÄLLT IMMER WIEDER AUF, DASS MAN BEI DER HERSTELLUNG VON RÜHREI GANZ SCHÖN VIEL FALSCH MACHEN KANN. MIT DIESER EINFACHEN ANLEITUNG WIRD ES WUNDERBAR WEICH MIT EINER SEIDIG GLÄNZENDEN OBERFLÄCHE!

FÜR 4 PERSONEN

ZUBEREITUNGSZEIT: 5 MINUTEN

ZUTATEN

10 Eier
Salz und Pfeffer
50 g geriebener Gouda (optional)
25 g Butter
Schnittlauch

Die Eier in einer Schüssel sehr gut verquirlen, mit etwas Salz und Pfeffer würzen. Falls gewünscht, den geriebenen Käse hinzufügen.

Die Butter in einer großen, gut beschichteten Pfanne schmelzen. Die Eiermasse hinzugeben und die Temperatur ein wenig reduzieren. Sobald die Ränder fest werden, das Rührei mit einem Pfannenwender von den Rändern in die Mitte ziehen. So lange wiederholen, bis das Rührei unten fest ist und an der Oberfläche noch etwas feucht glänzt.

Mit frisch gemahlenem Pfeffer und Schnittlauch servieren.

VARIANTEN

Italienische Variante: 1 Zehe geriebenen Knoblauch und 50 g Parmesan oder Mozzarella zur Eiermasse geben, mit gewürfelten Tomaten, Basilikum und Parmaschinken servieren.

Mit Pilzen, Rosmarin und Ziegenkäse: 150 g Austernpilze oder Champignons mit etwas frischem Rosmarin in Butter braun braten und mit 1 EL Ahornsirup karamellisieren. Zu dem Rührei geben und Ziegenkäse darüberbröckeln.

Elegant: Die Butter durch Trüffelbutter ersetzen und zum Servieren mit Dukkah bestreuen.

Very British: Cherry-Tomaten mit etwas Olivenöl und Honig beträufeln und im Ofen bei 220 °C 20 Minuten grillen. In einer Pfanne 150 g Pilze und anschließend eine Packung Frühstücksspeck knusprig braten. Alternativ oder zusätzlich 2 Salsiccia-Würste anbraten und gebackene Bohnen dazu servieren.

Mein ganz persönlicher Favorit: mit Avocadostreifen, Dukkah, Tomaten und Büffelmozzarellakugeln.

WARME KÄSE-SANDWICHES

DAS PERFEKTE KÄSE-SANDWICH IST AUßENHERUM GOLDGELB UND WENN MAN ES IN DER MITTE ANSCHNEIDET, FLIEßT ZARTSCHMELZENDER KÄSE HERAUS. DER KNÜLLER DAZU IST JEDOCH DAS FRUCHTIG-SCHARFE APFEL-RELISH!

FÜR 4 STÜCK

ZUBEREITUNGSZEIT: 25 MINUTEN

RELISH

5 EL Apfelmus
3 EL eingelegte Jalapeños
1 ½ EL Ahornsirup
etwas Zitronensaft
Salz und Pfeffer

TOAST

8 Scheiben Bacon (optional)
1 Knoblauchzehe
3 EL Butter
5 Salbeiblätter
8 Scheiben helles Kastenbrot, alternativ auch Toastbrot
250 g geriebener Käse, z.B. 125 g Asiago und 125 g würziger Cheddar (siehe Tipp)

Das Apfelmus, die Jalapeños, den Ahornsirup und den Zitronensaft in einen Mixbecher geben und mit einem Pürierstab grob pürieren. Mit Salz und Pfeffer abschmecken und in ein Schälchen füllen.

Den Bacon in einer Pfanne knusprig braten und zur Seite stellen. Den Knoblauch schälen und in Scheiben schneiden.

Die Butter in einem kleinen Topf vorsichtig schmelzen, die Salbeiblätter und die Knoblauchscheiben dazugeben und die Butter auf mittlerer Hitze vorsichtig bräunen.

Die Brotscheiben beidseitig mit der gebräunten Butter bestreichen und jeweils 4 Scheiben mit geriebenem Käse und Speck belegen und mit den restlichen 4 Scheiben belegen, so dass ein Sandwich entsteht.

Nun die Sandwiches auf einem Kontaktgrill oder in einem Sandwich-Maker etwa 4 Minuten grillen, zwischendrin immer mal wieder reinschauen, damit das Brot nicht zu dunkel wird.

Alternativ können die Käsebrote auch in der Pfanne zubereitet werden. Dafür eine sehr gut beschichtete Pfanne erhitzen (das ist sehr wichtig, damit die Brote nicht in der Pfanne kleben bleiben) und die Brote darin auf mittler Hitze von beiden Seiten etwa 4 Minuten anbraten. Die Sandwiches in der Mitte halbieren und mit dem Relish heiß servieren.

ENIS GEHEIMTIPP

Damit der Käse so richtig schön dahinschmilzt und gleichzeitig auch die perfekte Würze hat, empfiehlt sich eine Mischung aus zwei verschiedenen Käsesorten. Das könnten z.B. Asiago, Mozzarella oder Gouda sein, gemischt mit einem würzigen Cheddar oder einem kräftigen Bergkäse. Neben klassischem Toastbrot eignen sich übrigens auch Ciabatta oder ein schönes Sauerteigbrot!

VEGETARISCH

WÜRZIGE WALNUSS-BRÖTCHEN

SELBST GEBACKENE BRÖTCHEN ZUM FRÜHSTÜCK SIND IMMER ETWAS GANZ BESONDERES. BEI DIESEM REZEPT FINDE ICH BESONDERS PRAKTISCH, DASS DER TEIG ÜBER NACHT RUHT UND NACH DEM AUFSTEHEN DIREKT WEITERVERARBEITET WERDEN KANN. DIE BRÖTCHEN EIGNEN SICH ÜBRIGENS HERVORRAGEND ZUM EINFRIEREN UND KÖNNEN NACH BELIEBEN AUFGEBACKEN WERDEN!

FÜR CA. 16 STÜCK

ZUBEREITUNGSZEIT: 40 MINUTEN + RUHEZEIT

ZUTATEN

350 ml Wasser
15 g Hefe
70 g Walnüsse
400 g Weizenmehl
100 g Roggenmehl
1 ½ TL Salz
1 EL Brotgewürz

ENIS GEHEIMTIPP

Das Brotgewürz gibt den Brötchen einen ganz besonders feinen Geschmack. Man bekommt es in der in der Backabteilung.

Das Wasser in einem kleinen Topf lauwarm erwärmen und die Hefe hineinbröseln. Die Walnüsse grob hacken.

Die beiden Mehlsorten, das Salz und das Brotgewürz in einer Schüssel vermischen. Das Wasser hinzugeben und mit dem Knethaken eines Rührgerätes zu einem glatten Teig verarbeiten. Die Walnüsse hinzugeben und den Teig einige Minuten mit den Händen kneten, sodass die Walnüsse gut eingearbeitet werden. Sollte der Teig zu klebrig sein, noch etwas Mehl hinzufügen.

Den Teig in die Schüssel geben und mit etwas Frischhaltefolie über Nacht zugedeckt im Kühlschrank gehen lassen.

Den Backofen mit einem Backblech auf 250 °C Ober-/Unterhitze vorheizen.

Das vorgewärmte Backblech aus dem Ofen nehmen und mit Backpapier auslegen.

Den Teig aus dem Kühlschrank nehmen, mit Mehl bestäuben und mit Hilfe eines Esslöffels etwa 16 Teigstücke abstechen. Die Teigstücke mit etwas Abstand auf dem Backblech verteilen und im Ofen auf der zweiten Schiene von unten etwa 18–20 Minuten lang knusprig backen.

Die Brötchen am besten lauwarm servieren. Dazu schmeckt z.B. Roastbeef mit Cranberry-Mayonnaise (Tipp dazu auf Seite 28) und Meerrettich.

VEGETARISCH

CHAI-KNOTEN

mit Milchkaffee-Frosting

DIE WÄRMENDEN CHAI-AROMEN VERBINDEN SICH MIT DEN PEKANNÜSSEN ZU EINER WOHLIG- WINTERLICHEN FÜLLUNG UND DAS LEICHT WÜRZIGE KAFFEE-FROSTING BILDET DAS TÜPFELCHEN AUF DEM I!

FÜR ETWA 12–14 STÜCK

ZUBEREITUNGSZEIT: 60 MINUTEN + RUHEZEIT

HEFETEIG

220 ml Milch
80 g Zucker
40 g Hefe
500 g Mehl
½ TL Salz
1 Ei
80 g weiche Butter

FÜLLUNG

80 g weiche Butter
1 TL Zimt
2 TL Chai-Gewürz
1 TL Salz
80 g Demerara-Zucker
80 g Pekannüsse

FROSTING

150 g Frischkäse
4 EL Milchkaffee
4 EL Puderzucker
1 Prise Zimt
30 g weiche Butter
1 Schuss naturtrüber Apfelsaft

In einem kleinen Topf die Milch und den Zucker erwärmen, die Hefe in die lauwarme Milch bröseln und die Mischung für einige Minuten gehen lassen.

In der Zwischenzeit das Mehl und das Salz in eine große Schüssel geben, die Milchmischung, das Ei und die weiche Butter in Stückchen dazugeben und mit dem Knethaken eines Handrührgerätes einige Minuten verarbeiten, bis ein glatter, elastischer Teig entsteht. Den Teig nun zu einer Kugel formen, bedecken und an einem warmen Ort 45 Minuten gehen lassen.

Für die Füllung Butter, Zimt, Chai-Gewürz, Salz und braunen Zucker in einer Rührschüssel mit einem Handrührgerät cremig schlagen. Die Nüsse grob hacken.

Den Hefeteig nochmals gut durchkneten und auf einer bemehlten Backunterlage mit den Händen zu einem Rechteck formen. Den Teig mit einem Nudelholz dünn ausrollen und die Chai-Butter-Masse darauf mit der Hilfe eines Teigschabers gleichmäßig verteilen. Anschließend die gehackten Pekannüsse darübergeben und den Teig in der Mitte zusammenklappen, so dass die Ecken des Teiges jeweils aufeinander liegen.
Mit einem sehr scharfen Messer in ca. 12–15 ca. 1,5 cm breite Streifen abteilen. Die Teigstreifen zwirbeln und zu einem kleinen Knoten zusammenlegen. Die Knoten auf ein mit Backpapier ausgelegtes Backblech verteilen und nochmals 15 Minuten gehen lassen.

Währenddessen den Ofen auf 200 °C Ober-/Unterhitze vorheizen und die Knoten darin in etwa 20 Minuten goldbraun backen. Für das Frosting alle Zutaten glatt rühren und über die noch warmen Knoten geben.

SCHNELLE ROTE-BETE-TARTE

mit Feta, Rosmarin und Nüssen

EINE HERZHAFTE TARTE GEHÖRT FÜR MICH ZU JEDEM GUTEN BRUNCH DAZU! DIE ERDIGE ROTE BETE PASST WUNDERBAR ZU FETA, NÜSSEN UND ROSMARIN. VOLLSTÄNDIG AUSGEKÜHLT SCHMECKT UNS DIE TARTE ÜBRIGENS AM BESTEN; SIE EIGNET SICH DAHER AUCH PERFEKT ZUM VORBEREITEN!

FÜR CA. 8 STÜCKE
ZUBEREITUNGSZEIT: 30 MINUTEN

ZUTATEN

1 Packung Blätterteig aus dem Kühlregal (40 × 20 cm)
150 g Crème fraîche
1 EL Milch
Salz und Pfeffer
etwas Bio-Zitronenabrieb
2–3 kleine, vorgegarte Rote Beten
100 g Feta
1 Handvoll Walnüsse
2–3 Zweige Rosmarin (optional Salbei)

Den Ofen auf 200 °C Ober-/Unterhitze vorheizen.

Ein Backblech mit Backpapier auslegen, den Blätterteig vorsichtig darauf entrollen

Die Crème fraîche mit 1 EL Milch glatt rühren. Mit Salz, Pfeffer und Zitronenabrieb abschmecken und großzügig auf dem Blätterteig verstreichen.

Die Rote Bete in dünne Scheiben schneiden und ebenfalls auf dem Teig verteilen, den Feta und die Walnüsse mit den Händen grob zerbröseln, die Rosmarinblätter abzupfen und alles gleichmäßig über der Tarte verteilen.

Im vorgeheizten Ofen etwa 15–20 Minuten backen.

0,1 l

VEGETARISCH

FRÜHSTÜCKS-MIMOSAS

mit Grapefruit und Honig

MIMOSA PROBIERTE ICH DAS ERSTE MAL LETZTES JAHR IN BUDAPEST. MIT MEINEN FREUNDINNEN ÜBERLEGTEN WIR HIN UND HER, WAS SICH HINTER DIESEM LECKEREN COCKTAIL, SERVIERT IN WUNDERSCHÖNEN KELCHGLÄSERN, WOHL VERBERGEN KÖNNTE. DIE ANTWORT LIEß UNS HERZHAFT LACHEN: FRISCHER ORANGENSAFT, CHAMPAGNER UND EIN PAAR EISWÜRFEL. DIE EINFACHSTEN DINGE SIND BEKANNTLICH DIE BESTEN, NICHT WAHR? UND DIESE LEICHT ABGEWANDELTE VARIANTE MIT GRAPEFRUIT UND HONIG IST IN DER TAT KÖSTLICH!

FÜR 6–8 GLÄSER

ZUBEREITUNGSZEIT: 15 MINUTEN

ZUTATEN

400 ml Pink-Grapefruit-Saft
2 EL Honig
1 Stängel Thymian
Eiswürfel
1 Flasche Prosecco oder Champagner

Den Grapefruitsaft mit dem Honig und dem Thymian in einem kleinen Topf etwa 10 Minuten köcheln. Den Thymian aus dem Topf nehmen und den Saft vollständig auskühlen lassen.

Eiswürfel auf die Gläser verteilen und in jedes Glas etwas Grapefruitsaft geben. Mit Prosecco oder Champagner auffüllen.

Erst wenn Weihnachten im Herzen ist, liegt Weihnachten auch in der Luft.

WILLIAM TURNER ELLIS

WARM UMS HERZ – WÄRMENDE GETRÄNKE UND WINTERLICHES SOUL FOOD

Vor 10 Jahren verbrachte ich mit einer guten Freundin ein Adventswochenende in Paris. Zu der Zeit waren wir noch arme Studenten und Paris war schon damals eine unerhört teure Stadt. An unserem letzten Tag schlenderten wir über den Weihnachtsmarkt am Place de la Concorde. Es war bitterkalt und es hatte gerade angefangen zu schneien. Alles war wunderschön beleuchtet, in den mit Puderzuckerschnee überzogenen Bäumen funkelten kleine Lichterketten. Es war eine Szene wie aus einem Wintermärchen.

Unzählige Holzhütten standen dort aneinander gereiht mit dampfenden Kesseln voller wärmender Suppen. Es gab duftende Crêpes, knusprige Würstchen, heiße Maroni und allerlei andere Köstlichkeiten. Ganz besonders in Erinnerung geblieben ist mir ein Stand mit riesigen, gusseisernen Pfannen voller cremiger Käsenudeln. Ich habe immer noch den wohligen Duft und das laute Knurren unserer Mägen in Erinnerung, denn tatsächlich hatten wir am Ende unseres märchenhaften Paris-Wochenendes kaum einen Cent mehr in der Tasche. Unser zusammengekratztes Geld reichte gerade noch für etwas Baguette und Camembert aus dem Supermarkt. Trotz leerer Mägen zählt dieser Nachmittag auf dem Pariser Weihnachtsmarkt zu einer meiner schönsten Erinnerungen. Die kalte, klare Winterluft auf dem Gesicht zu spüren, den Schneeflocken im Lichterglanz beim Tanzen zuzusehen mit dem unwiderstehlichen Duft von geschmolzenem Käse in der Nase – das ist für mich Winterzauber pur.

Deshalb ist dieses Kapitel meinem Lieblingsessen, winterlichem Soul Food, gewidmet. Gerichte mit Weihnachtsmarktflair und Nostalgie-Faktor, heiße Getränke, mit denen man es sich, in dicke Jacken eingemummelt, am Lagerfeuer gemütlich machen kann. Gerichte, welche die Seele wärmen und die Kälte des Winters vertreiben und schon beim ersten Bissen das wohlige Gefühl von Glück und Gemütlichkeit verströmen.

Skandinavische Weihnachten

VEGETARISCH

APFEL-INGWER-PUNSCH

mit Vanille

EIN KLASSISCHER APFELPUNSCH MIT EINEM HAUCH VON INGWER UND VANILLE – PERFEKT ZUM AUFWÄRMEN FÜR GROß UND KLEIN!

FÜR ETWA 6–8 TASSEN

ZUBEREITUNGSZEIT: 35 MINUTEN

ZUTATEN

1,5 l naturtrüber Apfelsaft
1 Vanilleschote
4 Gewürznelken
1 Sternanis
1 Stange Zimt
5 cm Ingwer
Saft einer Zitrone
2 EL Honig
100 ml heißes Wasser
50 ml Amaretto (optional)

Alle Zutaten bis auf Wasser und ggf. Amaretto in einen Topf geben und kurz aufkochen. Die Temperatur reduzieren und den Punsch unter verschlossenem Deckel ca. 30 Minuten leise köcheln lassen.

Ingwer, Gewürze und Vanillestange mit einer Schaumkelle aus dem Topf entfernen und 100 ml heißes Wasser dazugeben.

Nach Belieben Amaretto hinzugeben und den Punsch auf Tassen verteilen.

VEGAN

HEIßER APEROL

ES MUSS NICHT IMMER GLÜHWEIN SEIN! DIESER HEIßE APEROL SCHMECKT MINDESTENS GENAUSO KÖSTLICH UND BESTICHT ZUDEM MIT SEINER WUNDERSCHÖNEN, LEUCHTEND ORANGEN FARBE. DAS PERFEKTE GETRÄNK, UM SICH AN BITTERKALTEN TAGEN SO RICHTIG SCHÖN AUFZUWÄRMEN!

FÜR 4–6 PERSONEN

ZUBEREITUNGSZEIT: 25 MINUTEN

ZUTATEN

1 Flasche halbtrockener Weißwein
100 ml frisch gepresster Orangensaft
Saft einer kleinen Limette
125 ml Wasser
85 ml Aperol
50 g Zucker
1 Zimtstange
1 Vanilleschote
Orangen- oder Limettenscheiben zum Servieren

Alle Zutaten in einen großen Topf geben, kurz aufkochen lassen und auf niedriger Hitze unter geschlossenem Deckel etwa 20 Minuten ziehen lassen, bis sich die Aromen von Zimt, Vanille und Nelken entfaltet haben.

Die Gewürze mit einer Schaumkelle entfernen und den noch heißen Aperol mit einer Scheibe Orange oder Limette servieren.

Die Aperol-Menge kann übrigens nach Belieben variiert werden, je nachdem, wie bitter man es mag. Ich empfehle euch zunächst mit 50 ml Aperol zu starten und den Rest nach einem kurzen Geschmackstest nach und nach hinzuzugeben. Auch die Zuckermenge kann zur Not noch etwas hochgeschraubt werden.

VEGETARISCH

CREMIGER EGGNOG

mit oder ohne Bourbon

HMMM ... KAUM ETWAS SCHMECKT FÜR MICH SO SEHR NACH WEIHNACHTEN WIE CREMIGER EIERPUNSCH. WÄHREND MEINER ZEIT IN DEN USA KONNTE ICH KAUM GENUG VON DEM LECKEREN WINTERDRINK KRIEGEN. KEIN WUNDER: ER IST TRAUMHAFT SAHNIG, VANILLIG UND WÜRZIG-SÜß UND SCHMECKT SOWOHL MIT ALS AUCH OHNE ALKOHOL GANZ FANTASTISCH!

FÜR 4–6 GLÄSER
ZUBEREITUNGSZEIT: 45 MINUTEN

ZUTATEN
1 Vanilleschote
500 ml Milch
250 ml Schlagsahne
2 Eier
3 Eigelb
100 g Zucker
frisch geriebene Muskatnuss
100 ml Bourbon (optional), alternativ Rum

Die Vanilleschote mit einem scharfen Messer längs aufschlitzen und das Mark mit der Spitze des Messers vorsichtig herauskratzen. Die Milch mit dem Vanillemark und der Vanilleschote in einem Topf langsam aufkochen. Die Temperatur reduzieren und die Flüssigkeit 30 Minuten ziehen lassen.

Die Sahne mit einem Rührgerät aufschlagen und bis zur Weiterverwendung kaltstellen.

Die Eier mit dem Eigelb und dem Zucker mit dem Rührgerät auf höchster Stufe verquirlen, bis die Masse eine dickcremige Konsistenz und eine hellgelbe Farbe hat.

Die Milch nochmals kurz aufkochen lassen und unter ständigem Rühren langsam zu der Eiermischung geben. Danach die geschlagene Sahne vorsichtig unterheben.

Eine Schüssel mit kaltem Wasser und Eiswürfeln füllen und die Rührschüssel mit dem Eggnog hineinsetzen. Den Eggnog unter ständigem Rühren auskühlen lassen. Etwas frische Muskatnuss hinzugeben und nach Bedarf den Bourbon unterrühren.

Den Eggnog in eine heiß ausgespülte Flasche geben und vor dem Verzehr eine Stunde kaltstellen. Im Kühlschrank hält er sich etwa 4 Tage.

VEGAN

WÄRMENDES LINSEN-CHILI

mit Aubergine und Austernpilzen

DIESES CHILI IST EIN WAHRES WINTER-WOHLFÜHLGERICHT UND EINE WILLKOMMENE ABWECHSLUNG ZU DEN OPULENTEN GERICHTEN DER WEIHNACHTSZEIT!

FÜR 4 PERSONEN
ZUBEREITUNGSZEIT: 45 MINUTEN

CHILI
250 g Beluga-Linsen
2 große Zwiebeln
4 Knoblauchzehen
2 cm Ingwer
250 g Süßkartoffeln
2 große Tomaten
250 g Aubergine
300 g Austernpilze
3 EL + 2 EL Pflanzenöl
2 TL Kümmelpulver
1 TL gemahlener Koriander
1 TL gemahlener Zimt
½ TL geräuchertes Paprikapulver
3 Prisen Piment
50 g Rosinen
1 EL Ahornsirup
2 EL Miso-Paste
300 ml Kokosmilch
200 ml Gemüsebrühe
2 kleine, rote Vogelaugen-Chili (optional)
2 EL Sojasauce
Saft und Abrieb einer kleinen Bio-Limette
Salz und Pfeffer

ZUM SERVIEREN
Joghurt
fein gehackte Petersilie, Minze und Koriander
Reis

Die Linsen nach Packungsanweisung bissfest kochen, abgießen und in einem Sieb gut abtropfen lassen.

In der Zwischenzeit die Zwiebeln, den Knoblauch und den Ingwer schälen und fein hacken. Die Süßkartoffeln schälen und würfeln. Die Tomaten und die Aubergine waschen und ebenfalls würfeln. Die Pilze putzen und mit den Fingern klein zupfen.

In einem großen Topf 3 EL Öl erhitzen und die Zwiebel, den Knoblauch und den Ingwer unter Rühren anschwitzen. Die Gewürze und die Tomatenwürfel dazugeben und kurz anrösten.

Nun die Linsen, die Rosinen, den Ahornsirup, die Miso-Paste, die Kokosmilch sowie die Brühe hinzugeben und bei mittlerer Hitze etwa 30 Minuten köcheln lassen.

Währenddessen in einer großen Pfanne 2 EL Öl erhitzen und die Pilze, die Süßkartoffeln sowie die Auberginenwürfel darin goldbraun anbraten. Das Gemüse zu dem Chili geben und mindestens 10 Minuten mitköcheln lassen.

Die Chilischoten, falls sie verwendet werden, halbieren, von den Kernen befreien, fein hacken und ebenfalls hinzufügen.

Das Chili mit Sojasauce, Limettensaft und -abrieb abschmecken und gegebenenfalls mit Salz und Pfeffer nachwürzen.

Mit Joghurt und fein gehackter Petersilie, Minze und Koriander servieren. Dazu schmeckt Reis.

VEGAN

WINTERLICHE PHO-SUPPE

mit Reisnudeln

SUPPEN GEHÖREN IN DER WINTERZEIT ZU MEINEN ABSOLUTEN LIEBLINGSGERICHTEN. DIESE TRADITIONELL VIETNAMESISCHE PHO-SUPPE HAT DURCH INGWER, ZIMT, STERNANIS, SHIITAKE-PILZE UND SOJASAUCE EIN WUNDERBAR INTENSIVES AROMA. SIE KANN MIT EINFACHEN REIS- ODER MIE-NUDELN SERVIERT WERDEN, ABER SCHMECKT AUCH MIT GARNELEN, GEBRATENEN RINDERFILETSTREIFEN, TOFU ODER HÄHNCHENBRUST UNHEIMLICH LECKER!

FÜR 4 PERSONEN

ZUBEREITUNGSZEIT: 45 MINUTEN

ZUTATEN

1 großes Stück Ingwer
2 Zwiebeln
1 Zimtstange
3 Sternanis
1,5 l Brühe mit Miso (Gemüsebrühe mit 1–2 EL heller Miso-Paste)
3 Knoblauchzehen
30 g getrocknete Shiitake-Pilze
Öl zum Anbraten
200 g Tofu mit Nuss-Sesam-Kruste (z.B von Taifun im Kühlregal)
150 g frische Shiitake-Pilze oder Austernpilze
2 TL Ahornsirup
4 EL Sojasauce
etwas Wasser
300 g breite Reisnudeln
Saft und Abrieb einer Bio-Limette

ZUM SERVIEREN

Koriander, gehackte Erdnüsse, Thaibasilikum, Vogelaugen-Chilis und Hoi-Sin-Sauce

Den ungeschälten Ingwer in Scheiben schneiden, die ungeschälten Zwiebeln halbieren und zusammen mit der Zimtstange und dem Sternanis in einen großen Topf geben. Etwa 5–7 Minuten ohne Zugabe von Öl unter Rühren anrösten.

Die Brühe angießen, den Knoblauch schälen und fein hacken. Die getrockneten Pilze in den Topf geben. Unter geschlossenem Deckel ca. 25 Minuten bei mittlerer Hitze köcheln lassen.

In einer Pfanne Öl erhitzen und den klein geschnittenen Tofu und die frischen Pilze kräftig anbraten, den Knoblauch dazugeben und mitbraten und anschließend mit Ahornsirup und Sojasauce ablöschen. Etwas Wasser hinzugeben und die Bodensätze aus der Pfanne lösen.

In einem Wasserkocher ca. 1,5 l Wasser erhitzen und die Reisnudeln in einen großen Topf geben und mit dem heißen Wasser bedecken. Den Topf mit einem Deckel verschließen und die Nudeln etwa 8 Minuten gar ziehen lassen, anschließend abgießen und mit kaltem Wasser abschrecken. Die fertige Suppe mit Limettensaft und Sojasauce abschmecken

Die Reisnudeln und das Gemüse auf die Schüsseln verteilen und mit der Brühe aufgießen. Pilze und Tofu darübergeben und die Suppe nach Geschmack mit viel Koriander, gehackten Erdnüssen, Thaibasilikum und frischem Chili servieren. Wer mag, kann noch Hoi-Sin-Sauce hinzugeben.

WELTBESTE KÄSESPÄTZLE

mit Apfel-Zwiebelschmelze

MANCHMAL MÜSSEN ES EINFACH KÄSESPÄTZLE SEIN. DAS HIER IST MEIN ABSOLUTES LIEBLINGSREZEPT: DER KÄSE VERBINDET SICH MIT DER SAHNE ZU EINER UNWIDERSTEHLICH LECKEREN CREME UND DIE SÄUERLICH-SÜSSE APFEL-ZWIEBELSCHMELZE BILDET DEN PERFEKTEN KONTRAST ZU DER WÜRZIGKEIT DES GERICHTES.

FÜR 2–4 PERSONEN

ZUBEREITUNGSZEIT: 20 MINUTEN

ZUTATEN

1 Zwiebel
2 Knoblauchzehen
1 EL Butter
1 EL Öl
100 ml Milch
150 ml Sahne
Salz und Pfeffer
1 TL gekörnte Gemüsebrühe
½ TL Paprikapulver
½ TL Kümmelpulver
1 Prise Muskat
40 g geriebener, kräftiger Bergkäse
40 g geriebener Gouda
500 g frische Spätzle
Bio-Zitronensaft und -abrieb
fein gehackte Petersilie zum Servieren

ZWIEBELSCHMELZE

3 große Zwiebeln
2 Knoblauchzehen
1 ½ Äpfel
3 EL Butter
1 Zweig Thymian
etwa 150 ml Gemüsebrühe
1 Schuss Weißwein
2 TL Honig
Kümmelpulver
Salz und Peffer
Zitronensaft

Zuerst die Apfel-Zwiebelschmelze vorbereiten. Dafür die Zwiebeln und den Knoblauch schälen und in dünne Scheiben schneiden. Die Äpfel schälen, vierteln, entkernen und ebenfalls in dünne Scheiben schneiden.

In einer großen Pfanne die Butter erhitzen und die Zwiebeln, den Knoblauch und die Äpfel darin langsam goldbraun schmoren. Die Thymianblätter abzupfen und hinzufügen.

Sobald Zwiebeln und Äpfel weich sind, etwas Brühe, Weißwein und Honig hinzufügen und einköcheln lassen. So lange Brühe angießen, bis die gewünschte Konsistenz der Schmelze erreicht ist. Zum Schluss mit etwas Kümmelpulver, Salz, Pfeffer und Zitronensaft abschmecken.

Für die Käsespätzle die Zwiebel und den Knoblauch schälen und in feine Scheiben schneiden. Die Butter und das Öl in einer Pfanne erhitzen und die Zwiebel und den Knoblauch darin goldgelb anschwitzen.

Die Milch und die Sahne in die Pfanne geben, salzen, pfeffern und das Gemüsebrühepulver sowie die Gewürze einrühren und kurz einköcheln lassen. Nun den Käse einrühren und schmelzen lassen. Als Letztes die Spätzle in die Pfanne geben, verrühren und mit einem guten Spritzer Zitronensaft abschmecken. Mit viel gehackter Petersilie und der Apfel-Zwiebelschmelze servieren. Wer mag, kann noch gebratene Speckwürfel dazugeben.

VEGETARISCH

SELBST GEMACHTE SCHUPFNUDELN

mit Birnen-Gorgonzola-Rahmkraut

DIESES GERICHT SCHMECKT WIE EINE UMARMUNG VON INNEN UND ERINNERT MICH AN AUSFLÜGE AUF DEN WEIHNACHTSMARKT! DIE SCHUPFNUDELN KÖNNEN NATÜRLICH AUCH SELBST GEKAUFT SEIN – SO ODER SO IST DAS GERICHT ECHTES SOUL FOOD!

FÜR 2–4 PERSONEN
ZUBEREITUNGSZEIT: 30 MINUTEN + EVTL. 65 MINUTEN FÜR SCHUPFNUDEL-ZUBEREITUNG

BIRNEN-RAHMKRAUT

500 g Weißkohl
2 reife Birnen
2 Knoblauchzehen
60 g Butter
20 g Zucker
Salz und Pfeffer
250 ml Sahne
1 Schuss Weißwein
2 TL gekörnte Brühe
1 TL Muskatnuss
1 TL Kümmelpulver
60 g Gorgonzola
30 g kalte Butter
Abrieb einer Bio-Limette
50 g Walnüsse

BIRNEN-RAHMKRAUT

Den Kohl halbieren, den Strunk entfernen und den Kohl in dünne Streifen hobeln. Die Birnen schälen, halbieren, entkernen und würfeln.

Den Knoblauch schälen und fein hacken. Die Butter in einer Pfanne erhitzen und den Knoblauch darin anschwitzen. Den Kohl und die Birnen dazugeben und unter ständigem Rühren anbraten. Den Zucker hinzufügen und etwas karamellisieren lassen.

Das Kraut salzen und pfeffern und die Sahne, den Weißwein, die gekörnte Brühe und die Gewürze hinzugeben und einköcheln lassen.

Den Gorgonzola in Stücken dazugeben und schmelzen. Die kalte Butter dazugeben und unterrühren. Das Kraut nachwürzen und mit etwas Limettenabrieb abschmecken.

FORTSETZUNG →

SCHUPFNUDELN

400 g Kartoffeln
1 Eigelb
1 TL Salz
1 Prise Muskatnuss
125 g Hartweizengrieß
130 g Weizenmehl
4 EL Butter

SCHUPFNUDELN

Die Kartoffeln in der Schale weich kochen, abgießen und im Topf ausdampfen lassen. Die Kartoffeln mit Hilfe eines Messers aus der Schale pellen und zweimal durch eine Kartoffelpresse drücken.

Die Masse in eine Schüssel geben und auskühlen lassen, damit das Eigelb nicht stockt. Dann das Eigelb sowie das Salz und etwas Muskatnuss hinzufügen und mit nassen Händen einarbeiten. Zuerst den Grieß hinzufügen und anschließend die Hälfte des Mehles hineinsieben und verkneten. Das restliche (und eventuell noch etwas mehr) Mehl hinzufügen, bis ein weicher, elastischer Teig entsteht.

Aus dem Teig mehrere Rollen mit einem Durchmesser von etwa 2 cm formen. Aus den einzelnen Rollen mit einem Messer jeweils 2–3 cm lange Stückchen abschneiden. Die einzelnen Stückchen jeweils so formen, dass die Enden die für Schupfnudeln typische spitze Form bekommen.

In einem großen Topf Wasser zum Kochen bringen und die Schupfnudeln darin portionsweise garen. Wenn die Schupfnudeln an die Oberfläche steigen, mit einer Schaumkelle aus dem Wasser entfernen und in einem Sieb gut abtropfen lassen.

In einer großen Pfanne etwas Butter schmelzen. Die Schupfnudeln dazugeben und in der Butter vorsichtig anbraten, bis sie rundum goldbraun sind. Mit dem Birnen-Rahmkraut servieren und mit Walnüssen bestreuen.

Hot Wine
Forralt Bor

PFANNKUCHEN-GRATIN

GEFÜLLTE PFANNKUCHEN SIND BIS HEUTE EINE GANZ BESONDERE SPEZIALITÄT MEINER OMA. UND OBWOHL ICH SIE AUCH OHNE PROBLEME GANZJÄHRIG ESSEN KÖNNTE, VERSTRÖMT DAS CREMIG-WÜRZIGE GERICHT IM WINTER EINEN GANZ BESONDEREN WOHLFÜHLFAKTOR. DIE FÜLLUNG KANN SOWOHL MIT HÄHNCHEN ALS AUCH VEGETARISCH MIT PILZEN ZUBEREITET WERDEN.

FÜR 4–6 PERSONEN
ZUBEREITUNGSZEIT: 60 MINUTEN

PFANNKUCHEN

2 Eier
200 g Mehl
400 ml Milch
1 Prise Salz
3 EL Öl zum Ausbacken

FÜLLUNG

1 mittelgroße Zwiebel
2 Knoblauchzehen
2 EL Öl zum Braten
600 g Hähnchenbrust oder Champignons
Salz und Pfeffer
1 EL Majoran
2 TL Kümmelpulver
2 TL Tomatenmark
1 EL Paprikapulver
300 ml Hühner- oder Gemüsebrühe
100 ml Rotwein
175 g Schmand
50 g Mehl
150 g Gouda zum Überbacken
Petersilie zum Servieren

Zwiebel und Knoblauch schälen und fein hacken. In einem Topf etwas Öl erhitzen und Zwiebel und Knoblauch darin goldgelb anschwitzen. Die Hähnchenbrüste als Ganzes dazugeben und rundum anbraten. Mit Salz, Pfeffer, Majoran und Kümmelpulver würzen. Das Tomatenmark hinzufügen und kurz mitrösten. Den Topf vom Herd nehmen und das Paprikapulver hinzufügen und verrühren. Erneut auf den Herd stellen, die Brühe und den Wein angießen und etwa 40 Minuten bei schwacher Hitze schmoren.

Für die Pfannkuchen alle Zutaten zu einem leicht flüssigen Teig verrühren und in einer gut beschichteten Pfanne mit etwas Öl goldbraun ausbacken.

Sobald das Fleisch fertig ist, die Hähnchenbrüste aus dem Saft nehmen und auf einen Teller legen und den Backofen auf 175 °C Ober-/Unterhitze vorheizen.

Den Schmand mit dem Mehl verrühren, bis keine Klümpchen mehr vorhanden sind. Die Schmand-Mehlmischung in den Fleischsaft einrühren und unter Rühren kurz aufkochen, bis die Sauce schön sämig ist. Das Fleisch nun mit zwei Gabeln auseinanderziehen.

Die Pfannkuchen mit dem Fleisch befüllen und zu Dreiecken falten. In eine Auflaufform legen, mit der Sauce übergießen und mit etwas Käse bestreuen. Im vorgeheizten Ofen etwa 10 Minuten backen, bis der Käse angeschmolzen ist.

Mit frischer Petersilie bestreuen und zu einem grünen Salat servieren.

KÜRBIS-KRÄUTERSEITLING-LASAGNE

ICH LIEBE DIESE WINTERLICHE LASAGNE! NEBEN KÖSTLICHEM KÜRBISPÜREE VERSTECKEN SICH UNTER DER CREMIGEN KÄSEDECKE WÜRZIGER SPINAT UND KRÄUTERSEITLINGE. NACH BELIEBEN KÖNNEN STATT KRÄUTERSEITLINGEN AUCH PFIFFERLINGE, AUSTERNPILZE ODER CHAMPIGNONS VERWENDET WERDEN.

FÜR 4 PERSONEN
ZUBEREITUNGSZEIT: 60 MINUTEN

KÜRBISPÜREE
800 g Hokkaidokürbis
1 Knoblauchzehe
Salz und Pfeffer
½ TL Cayennepfeffer
½ TL gemahlener Zimt
1 TL gemahlener Kümmel

GEMÜSE
1 Zwiebel
2 Knoblauchzehen
500 g Kräuterseitlinge
500 g Babyspinat
etwas Öl
Ahornsirup
Zitronensaft
Salz und Pfeffer

KÄSECREME
2 Knoblauchzehen
250 g Crème fraîche
100 g cremiger Feta
50 g geriebener Parmesan
etwas Zitronensaft
100 g Basilikum
Salz und Pfeffer

AUßERDEM
10 Lasagneplatten
10 Kugeln Mini-Büffelmozarella

Den Kürbis halbieren, die Kerne mit einem Löffel entfernen und den Kürbis grob würfeln. Den Knoblauch schälen und reiben. Einen Topf mit Wasser befüllen, ein Dampfkörbchen einsetzen und den Kürbis unter verschlossenem Deckel ca. 30 Minuten garen. Sobald die Würfel weich sind, das Wasser abgießen und den Kürbis im heißen Topf etwas ausdampfen lassen. Salz, Pfeffer, die geriebene Knoblauchzehe und die Gewürze dazugeben und mit einem Pürierstab zu einem glatten Kürbispüree vermixen. Das Kürbispüree in eine Schüssel geben und beiseitestellen.

Für das Gemüse die Zwiebeln und den Knoblauch schälen und fein hacken. Die Pilze in Scheiben schneiden, den Spinat waschen und trocken schleudern. In einer großen Pfanne etwas Öl erhitzen. Zuerst die Zwiebeln und den Knoblauch darin goldgelb anschwitzen, dann die Pilze dazugeben und knusprig braten. Zuletzt den Babyspinat hinzugeben und rühren, bis der Spinat zusammenfällt. Mit etwas Ahornsirup und Zitronensaft sowie Salz und Pfeffer abschmecken.

Den Backofen auf 200 °C Ober-/Unterhitze vorheizen.

Für die Käsecreme den Knoblauch schälen und reiben. Die Crème fraîche, den Feta, den Parmesan, den Knoblauch und etwas Zitronensaft in eine Schüssel geben und mit einem Pürierstab glatt pürieren. Das Basilikum fein hacken und unter die Masse heben. Mit Salz und Pfeffer abschmecken.

Nun in einer mittelgroßen Auflaufform zuerst das Kürbispüree, dann das Gemüse und anschließend die Creme schichten. Mit einer Lage Lasagneplatten belegen und den Vorgang noch zweimal wiederholen. Die letzte Schicht soll aus der Käsecreme bestehen. Mozzarella reiben und über der Lasagne verteilen. Im vorgeheizten Ofen etwa 40 Minuten backen.

WÄRMENDER KARTOFFEL-MAJORAN-EINTOPF

DIESES GERICHT IST NICHT WENIGER LECKER ALS SIMPEL! MEINE OMA HAT DAZU IMMER IHRE UNVERGLEICHLICH KÖSTLICHEN HACKBÄLLCHEN GEMACHT, ABER AUCH OHNE JEGLICHE BEILAGEN IST DIESER EINTOPF EIN KLEINER TRAUM. VOR DEM SERVIEREN SOLLTE ER NOCH GUT NACHGEWÜRZT WERDEN!

FÜR 4–6 PERSONEN
ZUBEREITUNGSZEIT: 45 MINUTEN

ZUTATEN
1 mittelgroße Zwiebel
2 Knoblauchzehen
800 g Kartoffeln (vorwiegend festkochend)
2 EL Rapsöl
1 TL Paprikapulver
ca. 400 ml Gemüsebrühe
3 Lorbeerblätter
1 TL Kümmelpulver
2 EL getrockneter Majoran
180 g Schmand
20 g Mehl
Bio-Zitronensaft und -abrieb
Salz und Pfeffer

Die Zwiebel, den Knoblauch und die Kartoffeln schälen. Die Zwiebel und den Knoblauch fein hacken, die Kartoffeln je nach Belieben würfeln oder in Scheiben schneiden.

Das Öl in einem Topf erhitzen und die Zwiebeln und den Knoblauch darin langsam goldgelb dünsten. Das Paprikapulver hinzufügen, etwa 1 Minute unter Rühren anrösten und die Kartoffeln hinzugeben und gut verrühren.

Die Gemüsebrühe hinzugeben. Falls nötig, noch etwas mehr hinzufügen, ungefähr so viel, dass die Kartoffeln gerade so mit Wasser bedeckt sind. Die Lorbeerblätter, das Kümmelpulver und den Majoran dazugeben und unter halb verschlossenem Deckel etwa 25 Minuten köcheln, bis die Kartoffeln schön weich sind.

In der Zwischenzeit den Schmand in einer Schale mit dem Mehl glatt rühren, bis keine Klümpchen mehr vorhanden sind. Eine kleine Kelle Flüssigkeit aus dem Eintopf entnehmen und mit der Schmand-Mehlmischung verrühren. Die Flüssigkeit in den Eintopf rühren, dabei vorsichtig vorgehen, damit die Kartoffeln nicht zerbrechen.

Etwa 5 Minuten köcheln lassen, bis der Eintopf eine sämige Konsistenz hat. Mit Zitronensaft und -abrieb, Salz, Pfeffer und Kümmelpulver abschmecken und mit einem extra Klecks Schmand servieren.

**Der Zauber dieser stillen Zeit
fängt sich im Kerzenschein.
Auf Tannenzweig und grünem Kranz
umwirbt er uns im Flammentanz
und zieht mit weihnachtlichem Glanz
in uns're Herzen ein.**

ANITA MENGER

WEIHNACHTSFEIER GANZ ENTSPANNT – GEMÜTLICHES WINTERBUFFET FÜR FREUNDE

Was soll ich sagen? Ich liebe dieses Kapitel!
Die Gerichte sind außergewöhnlich und zwangslos zugleich, simpel in der Zubereitung und dennoch ein kleines Fest für die Sinne. Ein herrlicher gebackener Brie mit Früchten, Nüssen und Honig, ein aromatischer Brotsalat mit ofengeröstetem Wintergemüse, Oliven-Tapenade, Linsen-Paté, frisches Baguette und eine winterliche Käseplatte, serviert auf einem liebevoll hergerichteten Tisch, der zum Naschen und Probieren einlädt. Genau das Richtige, um sich all seine Lieben zu einem gemütlichen weihnachtlichen Get Together ins Haus zu holen, wenn ihr mich fragt!
In diesem Kapitel geht es keinesfalls um höhere Kochkunst und das ist auch gut so! Denn scheuen wir bereits im Alltag aus Zeitgründen davor zurück, uns Gäste zum Essen einzuladen, wird es in der vollgepackten Zeit vor Weihnachten vermutlich nicht anders sein. Und genau das finde ich unheimlich schade, denn für mich gibt es kaum etwas Besinnlicheres, als die Weihnachtszeit im Kreis meiner Lieblingsmenschen zu verbringen. Gemeinsam essen, lachen und den ein oder anderen Glühwein-Sprizz genießen. Für mich ist das Weihnachten pur.

SO WIRD'S ENTSPANNT

Dem Anlass entsprechend

Die Gerichte sind alle so gestaltet, dass sie kalt oder lauwarm serviert werden können. Bis auf den Brie, der natürlich frisch aus dem Ofen am besten schmeckt, können die einzelnen Bestandteile schon mehrere Stunden und teilweise schon am Vortag zubereitet werden. So kann man die Zeit ganz entspannt mit seinen Gästen verbringen, ohne ständig in die Küche rennen zu müssen oder auf Garzeiten zu achten.

Einfach gehalten

Hier wird weder das Tafelsilber geputzt noch das weiße Tischtuch gezückt, stattdessen zaubern Tannenzweige, Moos, Eukalyptus, Zieräpfelchen und kleine Windlichter auf ganz natürliche Weise weihnachtliches Flair. Auch was die Deko betrifft, halte ich es gerne einfach und nehme das, was mir bei einem ausgedehnten Winterspaziergang auf den Feldern so in die Hände fällt.

Gemeinsam vorbereiten

Ob es ein leckerer Nachtisch ist oder eine gute Flasche Wein, die meisten Gäste bieten es in der Regel von selbst an, etwas zum gemeinsamen Fest beizusteuern. Ich nehme dieses Angebot dankend an, denn es hilft mir dabei, To-dos zu reduzieren, und nebenbei freuen sich alle, unterstützen zu können. Manchmal treffen wir uns sogar schon früher und bereiten den Großteil der Gerichte und die Deko bei einem Glas Secco gemeinsam zu. Das finde ich besonders schön.

Weniger ist mehr

Eine schöne Käseplatte, eine Auswahl an Dips, viel frisches Baguette, ein bis zwei Salate und hier und da noch ein paar Häppchen reichen in der Regel gut aus, um alle satt zu bekommen, ohne stundenlang in der Küche zu stehen. Manchmal ist weniger eben einfach mehr. Wenn dann noch ein paar leckere Cracker, Rosmarinchips und Grissini bereitstehen, kann nichts mehr schiefgehen.

VEGAN

GLÜHWEIN-SPRIZZ

WER BEHAUPTET, DASS KALTER GLÜHWEIN NICHT SCHMECKT, HAT NOCH NIE GLÜHWEIN-SPRIZZ PROBIERT! SÜFFIG, SÜß UND WEIHNACHTLICH SPRITZIG IST DIESES GETRÄNK DER PERFEKTE APERITIF FÜR WEIHNACHTSFEIERN, ABER AUCH FÜR GEMÜTLICHE SOFAABENDE MIT DER BESTEN FREUNDIN!

FÜR 6 GLÄSER

ZUBEREITUNGSZEIT: 5 MINUTEN

ZUTATEN

200 ml guter Glühwein
100 ml Sprudel
80 ml frisch gepresster Orangensaft
Saft einer Limette
Eiswürfel
1 Bio-Orange oder -Limette in Scheiben
500 ml Prosecco

Den kalten Glühwein mit dem Sprudel, dem Orangen- und dem Limettensaft mischen.

Die Gläser mit 3–4 Eiswürfeln und Orangen- oder Limettenscheiben füllen und den Glühwein auf die Gläser verteilen. Mit Prosecco auffüllen und servieren.

VEGETARISCH

DUKKAH-STANGEN

mit Asiago-Käse

AUSSEN KNUSPRIG, INNEN WEICH UND MIT KÖSTLICHER KNOBLAUCH-KÄSEFÜLLUNG – DIESE STÄNGCHEN SIND REGELMÄSSIG DER STAR JEDER PARTY! BESONDERS LECKER WIRD'S DURCH DIE WÜRZIGE DUKKAH-MISCHUNG, MIT DER SIE VOR DEM BACKEN GROSSZÜGIG BESTREUT WERDEN!

ERGIBT CA. 14 STANGEN
ZUBEREITUNGSZEIT: 60 MINUTEN

STANGEN
- 50 ml Milch
- 20 g frische Hefe
- 1 TL Zucker
- 350 g Mehl
- 1 TL Salz
- 1 TL Kümmelpulver
- 125 g weiche Butter
- 1 Ei
- 50 g Schmand
- 1 Eigelb + 2 EL Milch zum Bestreichen
- 4–5 EL Dukkah (Seite 35)

FÜLLUNG
- 2 Knoblauchzehen
- 50 g Butter
- 1 TL Kümmelpulver
- 1 TL Oregano
- etwas Salz
- 150 g geriebener Asiago

Die Milch lauwarm erwärmen. Die Hefe hineinbröseln und den Zucker dazugeben. Verrühren und etwa 10 Minuten ruhen lassen.

Das Mehl in eine Schüssel sieben. Das Salz und den Kümmel darunterrühren.

Die Butter, das Ei, den Schmand und die Hefe-Milch-Mischung dazugeben und mit dem Knethaken eines Rührgerätes zu einem glatten Teig verkneten. Falls nötig, noch etwas Mehl dazugeben. Den Teig etwa 20 Minuten im Kühlschrank kühlen.

In der Zwischenzeit den Knoblauch schälen und durch eine Presse drücken. Die Butter in einem Topf schmelzen. Den Knoblauch und die Gewürze dazugeben und die Butter langsam und vorsichtig bräunen.

Den Ofen auf 200 °C Ober-/Unterhitze vorheizen.

Den Teig aus dem Kühlschrank nehmen und zu einem großen Rechteck ausrollen. Eine Hälfte des Teiges großzügig mit der Butter bestreichen und mit dem Käse bestreuen. Die andere Teighälfte darüberklappen und den Teig in etwa 14 gleich große, ca. 2 cm breite Streifen schneiden.

Die Streifen zwirbeln und mit der Eigelb-Mischung bepinseln und großzügig mit dem Dukkah bestreuen. Die Stangen mit etwas Abstand auf ein mit Backpapier ausgelegtes Blech platzieren und im vorgeheizten Ofen 18–20 Minuten backen.

VEGETARISCH

GEBACKENER BRIE IM BLÄTTERTEIG-MANTEL

mit getrockneten Früchten & Honignüssen

HAND AUFS HERZ: GESCHMOLZENER KÄSE LÄSST DIE MEISTEN HERZEN HÖHERSCHLAGEN! BEI DIESER VARIANTE VERSTECKT SICH DAS FLÜSSIGE KÄSEGLÜCK UNTER EINEM FEINEN BLÄTTERTEIGMANTEL! PASSEND DAZU GIBT'S SÜẞ-SÄUERLICHE TROCKENFRÜCHTE UND HONIG!

FÜR 4–6 PERSONEN

ZUBEREITUNGSZEIT: 40 MINUTEN

ZUTATEN

2 EL Walnüsse
2 EL Haselnüsse
5 getrocknete Aprikosen
2 EL getrocknete Sauerkirschen
1 EL Butter
3 EL Honig
2 Zweige Thymian
1 Schuss Weißwein, Sekt oder Cidre
1 Packung Blätterteig
1 runder Brie
Eigelb zum Bepinseln

Den Ofen auf 200 °C Ober-/Unterhitze vorheizen und ein Backblech mit Backpapier auslegen.

Die Nüsse und die Aprikosen klein hacken und mit den getrockneten Kirschen in eine Schale geben.

In einer Pfanne die Butter bei mittlerer Hitze schmelzen und den Honig sowie die abgezupften Thymianblättchen hinzufügen und vorsichtig erhitzen, damit die Butter nicht anbrennt. Mit einem Schuss Weißwein, Sekt oder Cidre ablöschen, die gehackten Nüsse und Früchte in die Pfanne geben und mit der Honigbutter vermischen.

Nun den Blätterteig vorsichtig ausrollen und den Brie in die Mitte des Teiges setzen. Zwei Drittel der Nuss-Frucht-Mischung auf dem Brie verteilen und den Blätterteig nun vorsichtig um den Käse schlagen. Überstehenden Teig mit einem scharfen Messer abschneiden. Wer möchte kann aus den Teigresten einen kleinen Zopf als Verzierung flechten und diesen vorsichtig auf die Oberfläche des ummantelten Käses legen.

Den Blätterteig sorgfältig mit Eigelb bepinseln und ca. 20 Minuten im vorgeheizten Ofen backen. Den Brie mit den restlichen Nüssen und Früchten und mit etwas Thymian dekorieren und heiß servieren. Dazu schmeckt frisches Baguette!

VEGETARISCH

KNUSPRIGE CROSTINI

mit cremigem Ziegenkäse und gebackenen Trauben

GEBACKENE TRAUBEN UND ZIEGENKÄSE WAREN MEINE KULINARISCHE NEUENTDECKUNG DES JAHRES. GEBETTET AUF KNUSPRIG-AROMATISCHE BROTSCHEIBEN, SIND SIE DER PERFEKTE SNACK FÜR EIN WINTERLICHES BUFFET!

FÜR ETWA 10 CROSTINI

ZUBEREITUNGSZEIT: 40 MINUTEN

ZUTATEN

250 g Weintrauben
3 EL Olivenöl + etwas zum Beträufeln
Meersalz
250 g Ziegenfrischkäse oder Ricotta
1 TL Mandarinenabrieb
2 TL Honig + etwas zum Servieren
1 kleines Sauerteigbrot oder Baguette in Scheiben
1 Knoblauchzehe
2 Zweige Thymian oder Rosmarin
Rosmarin-Chili-Granola (Seite 23, optional)

Den Ofen auf 230 °C Ober-/Unterhitze vorheizen.

Die Trauben in eine Auflaufform geben, mit dem Olivenöl besprenkeln, mit etwas Meersalz würzen und im vorgeheizten Ofen etwa 10 Minuten backen, bis die Trauben aufzuplatzen beginnen.

In der Zwischenzeit den Ziegenkäse, den Mandarinenabrieb und den Honig in eine Rührschüssel geben und mit einem Handrührgerät mehrere Minuten cremig schlagen. Wer das Aroma von Ziegenkäse zu dominant findet, kann ihn durch Ricotta ersetzen.

Nun die Brotscheiben mit etwas Olivenöl bepinseln, auf ein Backblech legen und im Backofen ca. 5–8 Minuten knusprig rösten.

Zum Anrichten die Brotscheiben jeweils kurz mit der Knoblauchzehe einreiben, großzügig mit der Creme bestreichen und mit den weichen Trauben belegen. Mit etwas Honig beträufeln und mit den Thymianblättchen sowie, falls gewünscht, dem salzigen Granola bestreuen.

VIER WINTERLICHE AUFSTRICHE, *die begeistern!*

DIE DIPS REICHEN JE NACH BEILAGEN FÜR BIS ZU 12 PERSONEN.

VEGETARISCH

LINSEN-NUSS-PATÉ

ZUBEREITUNGSZEIT: 40 MINUTEN

ZUTATEN

150 g getrocknete Berglinsen
1 Zwiebel
1–2 Knoblauchzehen
1 Zweig frischer Thymian oder Rosmarin
70 g Pilze (z.B. Steinpilze oder Kräuterseitlinge)
80 g Walnüsse
2 EL Walnuss- oder Olivenöl
1 EL Butter
2 TL Balsamico-Creme
2 EL Ahornsirup
1 TL helle Miso-Paste
1 EL Sojasauce
Abrieb plus etwas Saft einer halben Bio-Orange
Salz und Pfeffer
1 TL Kümmelpulver
1 Prise Piment

Die Linsen nach Packungsanweisung kochen, währenddessen die Zwiebel und den Knoblauch schälen. Die Zwiebel in dünne Ringe schneiden, den Knoblauch fein hacken. Die Thymianblätter abzupfen. Die Pilze putzen und in Scheiben schneiden. Die Walnüsse grob hacken.

In einer mittelgroßen Pfanne das Öl und die Butter erhitzen und den Knoblauch und die Zwiebelringe darin anschwitzen. Die Pilze dazugeben, anrösten und mit der Balsamico-Creme und 1 EL Ahornsirup kurz karamellisieren lassen. Die Pfanne vom Herd nehmen. Die Linsen gut abtropfen lassen.

In einer zweiten Pfanne die Walnüsse kurz ohne die Zugabe von Öl anrösten.

Nun die Linsen, die Zwiebel-Pilzmischung und die gerösteten Nüsse in einen Multimixer geben. Die Miso-Paste, 1 EL Ahornsirup, die Sojasauce und etwas Orangensaft und -abrieb hinzufügen. Mit etwas Salz, Pfeffer, Kümmelpulver und Piment würzen und gut durchpürieren, bis eine cremige Masse entsteht. Gegebenenfalls nachwürzen und 1–2 EL Wasser hinzufügen, falls die Creme zu fest sein sollte.

FORTSETZUNG →

VEGETARISCH

CAMEMBERT-PREISELBEER-CREME

ZUBEREITUNGSZEIT: 5 MINUTEN

ZUTATEN
200 g milder Camembert
50 g Preiselbeermarmelade
250 g Schmand
100 g Frischkäse
1 TL Bio-Orangenabrieb + etwas Saft
etwas Thymian
Salz und Pfeffer

Den Camembert in Stücke schneiden und zusammen mit der Marmelade, dem Schmand, dem Frischkäse, dem Orangenabrieb und dem Thymian in einen Multimixer geben und auf höchster Stufe etwa 10 Sekunden bis zur gewünschten Konsistenz pürieren. Wer die Creme stückig mag, sollte beim Pürieren immer wieder kurz stoppen, um die richtige Konsistenz zu erwischen.

Mit Salz, Pfeffer und etwas Orangensaft abschmecken und gut kühlen.

VEGETARISCH

AIOLI VON GEBACKENEM KNOBLAUCH

ZUBEREITUNGSZEIT: 60 MINUTEN

ZUTATEN
2 Knollen Knoblauch
100 ml neutrales Öl + etwas zum Beträufeln
1 Eigelb
½ TL Dijonsenf
Salz und Pfeffer
ein paar Spritzer Orangen- und Zitronensaft
Abrieb einer halben Bio-Limette

Den Ofen auf 200 °C Ober-/Unterhitze vorheizen.

Den Strunk der Knoblauchknollen waagerecht abschneiden. Die Knollen auf einem Stück Alufolie in eine kleine Auflaufform geben und mit etwas Öl beträufeln. Etwa 60 Minuten lang backen, bis die Knoblauchzehen braun und weich sind.

In der Zwischenzeit die Mayonnaise zubereiten. Dafür Eigelb und Dijonsenf in einem hohen Becher mit einem Pürierstab vermixen; das Öl währenddessen langsam hineinlaufen lassen und weitermixen, bis die Creme die gewünschte Konsistenz hat.

Die gebackenen Knollen aus dem Ofen nehmen und etwas auskühlen lassen und den Knoblauch nun vorsichtig aus den einzelnen Zehen drücken. Den gebackenen Knoblauch zur Mayonnaise geben und mit dem Stabmixer kurz durchpürieren.

Mit Salz und Pfeffer würzen und mit etwas Zitrussaft und -abrieb abschmecken und vor dem Servieren mindestens 2 Stunden kühlen!

OLIVEN-KNOBLAUCH-TAPENADE

ZUBEREITUNGSZEIT: 5 MINUTEN

ZUTATEN

200 g schwarze, entsteinte Oliven
1 Knoblauchzehe
2 eingelegte Sardellenfilets
1 EL Kapern
1 kleiner Chili
Abrieb einer halben Bio-Zitrone sowie etwas Saft
65 ml Olivenöl
Salz und Pfeffer

Die Oliven halbieren, die Knoblauchzehe schälen. Die Sardellenfilets und die Knoblauchzehe grob hacken und zusammen mit den Kapern in einen Multimixer geben. Die Chilischote halbieren, von den Kernen befreien und ebenfalls grob hacken. Die Chilischote und den Zitronenabrieb in den Mixer geben und alles glatt pürieren. Das Olivenöl langsam hinzugeben, bis eine glatte, streichfähige Konsistenz erreicht ist.

Mit Zitronensaft und gegebenenfalls Salz und Pfeffer abschmecken.

RÖSTFENCHEL

mit Maronen-Speck-Gremolata und Büffelmozzarella

DIESES GERICHT IST MEIN GANZ EIGENER WINTER-ANTIPASTI-TRAUM! DER KNUSPRIG GERÖSTETE FENCHEL SCHMECKT GANZ WUNDERBAR ZU DER MARONEN-SPECK-GREMOLATA UND DEM CREMIGEN BÜFFELMOZZARELLA UND MACHT SICH ÜBRIGENS AUCH WUNDERBAR ALS VORSPEISE FÜR DAS WEIHNACHTSMENÜ.

ALS VORSPEISE FÜR 2–3 PERSONEN,
ALS BESTANDTEIL EINES BUFFETS
FÜR 6–8 PERSONEN
ZUBEREITUNGSZEIT: 45 MINUTEN

RÖSTFENCHEL
4 Fenchelknollen
10 Kugeln Mini-Büffelmozzarella

MARINADE
1 große Knoblauchzehe
Salz und Pfeffer
1 TL Kümmelpulver
4 EL Olivenöl
3 EL Orangensaft
1 EL Ahornsirup

GREMOLATA
100 g vorgekochte Maronen
30 g Rosinen oder Cranberrys
150 g Speckwürfel
1 EL Öl
1 Knoblauchzehe
1 Handvoll Petersilie
1 TL Bio-Limettenabrieb
1 TL Bio-Orangenabrieb

Den Ofen auf 200 °C Ober-/Unterhitze vorheizen.

Den Knoblauch für die Marinade schälen und reiben. Die Fenchelknollen waschen, abbrausen und in ca. 1 cm dicke Scheiben schneiden.

In einer Schüssel aus Salz, Pfeffer, Kümmelpulver, geriebenem Knoblauch, Öl, Orangensaft und Ahornsirup eine Marinade anrühren und mit den Fenchelscheiben vermischen.

Die Fenchelscheiben auf ein mit Backpapier ausgelegtes Backblech verteilen und im vorgeheizten Ofen etwa 25 Minuten lang knusprig backen. In den letzten 5 Minuten der Backzeit kann der Ofen auf Grillfunktion umgestellt werden.

Für die Gremolata in der Zwischenzeit die Maronen und die Rosinen oder Cranberrys grob hacken und gemeinsam mit den Speckwürfeln in einer Pfanne in etwas Öl anrösten.

Den Knoblauch schälen. Die Petersilie und die Knoblauchzehe sehr fein hacken und den Limetten- sowie Orangenabrieb damit vermischen.

Den Fenchel nun aus dem Ofen nehmen und ca. 15 Minuten (gerne auch vollständig) auskühlen lassen. Anschließend mit der Maronen-Mischung und dem Petersilien-Knoblauchmix vermischen und auf einen Teller verteilen. Den Büffelmozzarella in der Mitte des Tellers anrichten und etwas von der Gremolata auf dem Käse verteilen. Dazu passt knuspriges Baguette!

WINTERLICHE KÄSEPLATTE

mit Datteln, Feigen und Kirsch-Chutney

EINE SCHÖN ANGERICHTETE KÄSEPLATTE IST DAS HERZSTÜCK JEDES BUFFETS UND IST IM NU AUF DEN TISCH GEZAUBERT. DAZU EINFACH 4–5 UNTERSCHIEDLICHE KÄSESORTEN MIT ETWAS ABSTAND AUF EIN HOLZBRETT SETZEN. DIE LÜCKEN MIT NÜSSEN, TRAUBEN, CRACKERN UND TROCKENOBST AUFFÜLLEN UND IN DIE MITTE EIN GLÄSCHEN MIT SELBST GEMACHTEM CHUTNEY PLATZIEREN. AUCH UNTERSCHIEDLICHE ANTIPASTI PASSEN GUT SOWIE LUFTGETROCKNETER SCHINKEN ODER SALAMI.

HIER EIN PAAR VORSCHLÄGE FÜR DIE KÄSEAUSWAHL:

HARTKÄSE

Grana Padano oder Parmesan, Gruyère, Cantal, Tête de Moine, kräftiger Bergkäse (besonders lecker mit Chili- oder Kräutermantel), würziger Cheddar

HALBFESTER KÄSE

Asiago, Barrique, Lagrein

WEICH- UND BLAUSCHIMMELKÄSE

Büffelmozzarella und Burrata, verschiedene Briesorten (z.B. Walnuss- oder Trüffelbrie), Taleggio, Reblochon, Ziegenweichkäse, Morbier

WÜRZIGES KIRSCH-CHUTNEY

FÜR 1–2 GLÄSER À 150 ML

ZUBEREITUNGSZEIT: 30 MINUTEN

ZUTATEN

1 cm Ingwer
500 g Kirschen (frisch oder TK)
45 g brauner Zucker
3 EL Balsamico
1 TL Ras el-Hanout
etwas Wasser
1 Spritzer Limettensaft
Salz und Pfeffer

Den Ingwer schälen und fein reiben; die Kirschen, falls nötig, waschen und entsteinen und mit dem Zucker, dem Essig, dem Ras el-Hanout sowie einem kleinen Schluck Wasser in einem Topf zum Kochen bringen.

Die Kirschen auf mittlerer Hitze unter Rühren einkochen, bis sie die Konsistenz von Marmelade haben. Das Chutney mit einem Spritzer Limette und etwas Salz und schwarzem Pfeffer abschmecken und in Weckgläser füllen.

FORTSETZUNG →

DATTELN

mit dunkler Meersalz-Schokolade, Rosmarin und Speck

ERGIBT 20 STÜCK
ZUBEREITUNGSZEIT: 25 MINUTEN

ZUTATEN
ca. 20 Datteln
1 Packung Frühstücksspeck
30 g dunkle Schokolade
1 Prise Cayennepfeffer
1 Zweig Thymian
etwas Fleur de Sel

Den Ofen auf 200 °C Ober-/Unterhitze vorheizen.

Die Datteln mit einem Messer in der Mitte einschneiden und vom Kern befreien.

Jede Dattel mit etwas Speck umwickeln. Den Speck mit einem Zahnstocher an der Dattel fixieren und die Datteln in eine kleine Auflaufform nebeneinander reihen. Im vorgeheizten Ofen etwa 25 Minuten unter gelegentlichem Wenden backen, bis der Speck von allen Seiten schön knusprig ist. Die Datteln aus dem Ofen nehmen und einige Minuten auskühlen lassen.

In der Zwischenzeit die Schokolade vorsichtig über einem Wasserbad schmelzen. Den Cayennepfeffer, die Thymianblätter und das Fleur de Sel einrühren. Die Datteln nun mit einem kleinen Löffel dünn mit der flüssigen Schokolade benetzen und servieren.

GEGRILLTE FEIGEN

mit Ricotta und Pata Negra

ERGIBT 4 STÜCK
ZUBEREITUNGSZEIT: 30 MINUTEN

ZUTATEN
1 EL Olivenöl
etwas frischer Thymian
1 kleine Knoblauchzehe
70 g Ricotta
30 g geriebener Parmesan
1 TL Zitronenschale
1 TL Honig
Salz und Pfeffer
4 Feigen
45 g gehackte Haselnüsse
4 Scheiben Pata Negra
etwas Ahornsirup

Den Backofen auf 200 °C Ober-/Unterhitze vorheizen und eine Auflaufform mit Öl ausfetten.

Die Thymianblätter vom Stängel zupfen, den Knoblauch schälen und durch eine Presse drücken.

In einem Schälchen den Ricotta mit dem Parmesan, den Thymianblättern, dem Knoblauch, der Zitronenschale, dem Honig sowie etwas Salz und Pfeffer verrühren.

Die Feigen kreuzweise einschneiden und behutsam auseinanderziehen, mit der Ricottacreme befüllen und mit den Haselnüssen bestreuen. Um jede Feige eine Scheibe Pata Negra wickeln und mit ein paar Tropfen Ahornsirup einpinseln.

Im vorgeheizten Ofen ca. 15 Minuten backen. Die Feigen aus dem Ofen nehmen und vor dem Servieren etwas auskühlen lassen.

Die Feigen können entweder einzeln als Teil eines Buffets serviert werden oder als Vorspeise zu einem schönen Feldsalat.

ROASTBEEF TONNATO

DIESE VARIATION DES KLASSIKERS „VITELLO TONNATO" MACHT NICHT NUR ORDENTLICH WAS HER, SONDERN IST AUCH BLITZSCHNELL GEMACHT. DIE SAUCE AUS THUNFISCH UND KAPERN IST WUNDERBAR WÜRZIG UND ZITRONIG FRISCH UND EIGNET SICH MIT EINEM FRISCHEN BAGUETTE AUCH ALS SCHNELLES ABENDESSEN FÜR ZWEI!

ALS VORSPEISE FÜR 2–3 PERSONEN,
ALS BESTANDTEIL EINES BUFFETS
FÜR CA. 8 PERSONEN
ZUBEREITUNGSZEIT: 15 MINUTEN

MAYONNAISE

1 Eigelb
1 TL Dijonsenf
ca. 150 ml Sonnenblumenöl
1 Spritzer Weißweinessig
1 Spritzer Zitronensaft
Salz und Pfeffer

ROASTBEEF

1 kleine Knoblauchzehe
150 g Thunfisch in Öl
2 Sardellenfilets
1 TL Bio-Zitronenabrieb + etwas Saft
Salz und Pfeffer
etwas Brühe (optional)
1 TL Kapern
400 g Roastbeef-Aufschnitt
Kapernäpfel und/oder Rucola
zum Garnieren

Zuerst die Mayonnaise zubereiten. Dafür Eigelb und Dijonsenf in einem hohen Becher mit einem Pürierstab vermixen; das Öl währenddessen langsam hineinlaufen lassen und weitermixen, bis die Creme die gewünschte Konsistenz hat. Mit Essig, Zitronensaft, Salz und Pfeffer abschmecken.

Den Knoblauch schälen. Den Thunfisch abtropfen und zusammen mit den Sardellen, dem Knoblauch und dem Zitronenabrieb in einen Multimixer geben und kurz durchpürieren. Nun die Mayonnaise hinzugeben und nochmals pürieren. Mit Salz, Pfeffer und Zitronensaft abschmecken. Die Kapern hinzufügen.

Sollte die Sauce zu dick sein, kann sie mit ein paar Löffeln Brühe verlängert werden. Die Brühe am besten löffelweise hinzugeben.

Nun das Roastbeef auf einem großen Teller oder einer Platte anrichten und mit der Thunfisch-Kapernsauce gleichmäßig beträufeln. Besonders schön wirkt das Gericht, wenn es mit einigen Kapernäpfeln und/oder frischem Rucola garniert und mit frisch gemahlenem Pfeffer serviert wird.

WINTER-PANZANELLA

mit Gewürznüssen und Feta

DIESER WINTERLICHE BROTSALAT HAT ALLES, WAS ICH AN DER KALTEN JAHRESZEIT LIEBE: ERDIGE AROMEN, WÄRMENDE GEWÜRZE, EIN KÖSTLICHES DRESSING AUS BLUTORANGENSAFT UND JEDE MENGE WOHLFÜHLFAKTOR. ZU DEN KNUSPRIGEN WÜRFELN AUS KRÄFTIGEM BAUERNBROT GESELLEN SICH NEBEN TYPISCHEM WINTERGEMÜSE WIE ROSENKOHL UND KÜRBIS NOCH GEWÜRZNÜSSE, FRUCHTIGE TRAUBEN UND CREMIGER FETA.

FÜR 4–6 PERSONEN

ZUBEREITUNGSZEIT: CA. 50 MINUTEN

SALAT

200 g Rosenkohl
200 g Hokkaidokürbis
Salz und Pfeffer
2 EL Rapsöl
2 EL Ahornsirup
1 EL Limettensaft
1 TL Kümmelpulver
3 Prisen Zimt
1 Knoblauchzehe
400 g altbackenes, würziges Bauernbrot
120 g Trauben
100 g cremiger Feta oder Ziegenkäse
80 g Walnüsse
2 Prisen Cayennepfeffer
1 EL Olivenöl

DRESSING

125 ml naturtrüber Apfelsaft
4 EL Olivenöl
2 EL Apfelessig
2 EL Ahornsirup
1 TL Dijonsenf
1 Prise Zimt
1 Prise Ras el-Hanout
1 Prise Kümmelpulver
½ TL Salz und etwas Pfeffer

Den Ofen auf 200 °C Ober-/Unterhitze vorheizen.

Den Rosenkohl putzen und halbieren, den Kürbis ggf. von Kernen befreien und würfeln. Das Gemüse in eine Auflaufform geben, salzen und pfeffern.

In einer Schale das Öl, 1 EL Ahornsirup, den Limettensaft, das Kümmelpulver und 2 Prisen Zimt verrühren. Die Knoblauchzehe schälen und pressen und ebenfalls zu der Marinade geben. Die Marinade auf dem Gemüse verteilen und gut vermischen. Im vorgeheizten Ofen etwa 25 Minuten garen, bis das Gemüse gar ist.

In der Zwischenzeit das Brot würfeln, die Trauben waschen, vom Stiel lösen und halbieren und den Feta würfeln.

Die Walnüsse in einer gut beschichteten Pfanne anrösten, 1 EL Ahornsirup dazugeben und mit Cayennepfeffer, Salz und etwas Zimt würzen.

Das Gemüse aus dem Ofen nehmen, die Brotwürfel auf ein mit Backpapier belegtes Backblech verteilen, mit etwas Olivenöl besprenkeln und im Backofen ca. 8–10 Minuten anrösten.

Für das Dressing alle Zutaten in ein Schüsselchen geben und mit einem Schneebesen gut verrühren.

Zum Anrichten das geröstete Gemüse und die Brotwürfel in eine Schale geben. Das Dressing darübergeben und alles gut vermengen. Nun die Trauben, den Feta und die Nüsse hinzugeben und sofort servieren.

VEGAN

WEIHNACHTLICHER BIRNEN-SECCO

EIN KÖSTLICH SPRITZIGER, WEIHNACHTLICHER APERITIF, DER SICH MIT EIN PAAR EISWÜRFELN UND GIN IM HANDUMDREHEN IN EINEN COCKTAIL VERWANDELN LÄSST!

FÜR 6 PERSONEN

ZUBEREITUNGSZEIT: 30 MINUTEN

ZUTATEN

600 ml naturtrüber Birnensaft
1 Sternanis
5 cm Ingwer in Scheiben
2 Zimtstangen
4 Nelken
4 cl Gin (optional)
Eiswürfel
1 Flasche Prosecco

Den Birnensaft mit den Gewürzen in einem Topf aufkochen, die Temperatur reduzieren und den Saft etwa 20 Minuten köcheln lassen.

Die Gewürze mit einem Schaumlöffel aus dem Topf nehmen und den Saft vollständig auskühlen lassen. Nach Belieben 4 cl Gin hinzufügen.

6 Gläser mit jeweils 3 Eiswürfeln befüllen. Etwa 50 ml Birnensaft in jedes Glas geben und mit 150–200 ml Prosecco auffüllen.

Der Drink kann auch in Prosecco-Gläsern serviert werden. Das Mischverhältnis sollte immer 1 Teil Saft und 2 Teile Prosecco betragen. Für eine alkoholfreie Variante den Gin weglassen und alkoholfreien Sekt statt Prosecco verwenden.

Es geht nicht darum, was unter dem Baum liegt, sondern wer daneben steht.

CHARLIE BROWN

ALLE UM EINEN TISCH – FESTLICHE GERICHTE UND LECKERE MENÜS

Endlich ist es da, das Fest, dem man all die Wochen entgegengefiebert hat. Wir beginnen die Feiertage am liebsten ganz entspannt mit einem gemütlichen Frühstück, lesen weihnachtliche Bücher oder schauen uns zum hundertsten Mal Prinzessin Fantaghirò an. Wir trinken Kakao, hören weihnachtliche Lieder bei Kerzenschein und freuen uns auf die bevorstehenden Tage.

Viele Jahre habe ich schon morgens um sechs in der Küche gestanden, um das perfekte Menü vorzubereiten und den Großteil des Tages dabei verpasst. Vor einer Weile hab mich trotz meines Hangs zu Perfektionismus, was das Thema Essen anbelangt, bewusst dazu entschieden, das nicht mehr zu tun. Denn auch in diesem Fall ist weniger tatsächlich mehr. Ein leckeres und festliches Essen gehört für mich zum Fest natürlich trotzdem dazu.

Wenn es um das Weihnachtsessen geht, hat jede Familie ihre ganz eigenen Vorlieben. Manche mögen es opulent und edel, andere lieber klassisch und einfach. Bei meiner Familie musste es früher an Heiligabend unbedingt Fisch sein und seit wir Heiligabend bei uns ausrichten, gibt es auf Wunsch meiner Kinder jedes Jahr eine Weihnachtsgans.

Das Essen zum Fest hat ganz eindeutig viel mit Traditionen zu tun, und gerade deshalb war es mir in diesem Kapitel ein besonderes Anliegen, Menüs zusammenzustellen, die für jeden Geschmack etwas bereithalten. Zudem sollten die Gerichte natürlich sowohl einfach in der Umsetzung als auch gelingsicher sein.

Und so hat sich hier von allem ein bisschen was eingefunden: ein aufgebrezeltes Würstchen-und-Kartoffelsalat-Menü, die klassische Weihnachtsgans mit Knödeln und Rotkohl, ein Wildragout mit Brezenknödeln, das man problemlos schon am Vortag zubereiten kann, ein veganer Braten für alle, die auch an Weihnachten auf Fleisch verzichten möchten, ein schnelles Schweinefilet mit Speckmantel und Pflaumenfüllung, ein Rezept für klassische Entenbrust und selbstverständlich auch ein leckeres Fischgericht. Die vorgeschlagenen Beilagen können natürlich nach Belieben und Geschmack getauscht werden oder durch eure eigenen Lieblingsrezepte ergänzt werden.

Wer Zeit und Muße hat, ein komplettes Menü aufzutischen, findet Anregungen für unterschiedliche Vorspeisen und Desserts, die allesamt unkompliziert in der Herstellung sind und sich mit etwas Planung prima vorbereiten lassen.

Und wer Weihnachten am liebsten gemütlich bei Raclette oder Fondue verbringt, findet im Kapitel danach eine ganze Reihe Ideen und Rezepte.

VEGETARISCH

MARONEN-APFEL-SUPPE

mit Cidre und Lebkuchen-Bröseln

MARONEN SIND FÜR MICH EINES DER SCHÖNSTEN MITBRINGSEL DER WINTERZEIT! SIE KÖNNEN UNHEIMLICH VIELSEITIG ZUBEREITET WERDEN UND IHR ERDIG, NUSSIG- SÜẞER GESCHMACK PASST SOWOHL ZU SÜẞEN ALS AUCH ZU HERZHAFTEN GERICHTEN SOWIE ZU DIESER WUNDERBAREN WINTERSUPPE, DIE ICH AUCH GERNE MAL ALS VORSPEISE ZUM WEIHNACHTSMENÜ SERVIERE!

FÜR 4 PERSONEN
ZUBEREITUNGSZEIT: CA. 40 MINUTEN

ZUTATEN
1 große Zwiebel
3 Knoblauchzehen
1 großer Apfel
400 g vakuumierte Maronen
2 EL Butter
2 EL Pflanzenöl
2 Zweige frischer Majoran
2 Zweige frischer Thymian
Salz und Pfeffer
1 TL gemahlener Koriander
1 TL Kümmelpulver
2 Msp. Piment
2 EL Honig
150 ml süßer Cidre
800 ml Gemüsebrühe
250 ml Sahne

LEBKUCHEN-BRÖSEL
1 kleiner Apfel
2 EL Butter
2 Pfefferkuchen
1 TL Honig
etwas Orangenschale
1 Handvoll gehackte Petersilie
2 Prisen Kümmelpulver

Die Zwiebel, den Knoblauch und den entkernten Apfel schälen und fein hacken. Die Maronen aus der Packung entfernen und mit einem Messer grob zerkleinern.

In einem großen Topf die Butter und das Öl erhitzen. Die Zwiebel und den Knoblauch darin glasig anschwitzen, anschließend den Apfel, die Maronen und die Kräuter hinzufügen und unter ständigem Rühren mitbraten.

Mit Salz, Pfeffer, gemahlenem Koriander, Kümmelpulver und Piment würzen und mit dem Honig karamellisieren lassen. Dann den Cidre hinzugeben und kurz aufkochen lassen, bis der Alkohol verdampft ist, und anschließend die Gemüsebrühe angießen.

Die Suppe etwa 20 Minuten weiterköcheln lassen und anschließend mit einem Stabmixer pürieren. Die Sahne hinzufügen und die Suppe gegebenenfalls nachwürzen.

Für die Brösel den Apfel schälen, vom Kerngehäuse befreien und würfeln. Etwas Butter in einer Pfanne zerlassen. Die Apfelwürfel darin ca. 5–7 Minuten braten, die Pfefferkuchen dazu bröseln, mit 1 TL Honig, Orangenschale, Petersilie und etwas Kümmelpulver abschmecken und ca. 3 Minuten weiterbraten. Die Mischung aus der Pfanne nehmen und bis zum Servieren beiseitestellen.

Die Suppe vor dem Servieren mit dem Stabmixer aufschäumen und mit den Lebkuchen-Bröseln servieren.

ENIS GEHEIMTIPP
Wer mag, kann zu den Lebkuchenbröseln noch gebratene Speck- und Apfelstückchen geben.

ZIEGENKÄSE-PANNACOTTA

mit Thymian-Beten

PANNACOTTA KENNT MAN FÜR GEWÖHNLICH ALS DESSERT. DURCH DIE ZUGABE VON ZIEGENKÄSE UND IN KOMBINATION MIT DEN GERÖSTETEN BETEN VERWANDELT SIE SICH JEDOCH IM NU IN EINE CREMIG-HERZHAFTE VORSPEISE, DIE SICH WUNDERBAR VORBEREITEN LÄSST.

FÜR 6 PERSONEN

INSGESAMT 60 MINUTEN ZUBEREITUNGSZEIT + KÜHLZEIT

ZUTATEN

6 Blatt Gelatine
600 ml Sahne
2 Stiele Rosmarin
4 TL Waldhonig
250 g Ziegenfrischkäse
Salz und Pfeffer
Limettensaft
30 g Walnüsse
1 ½ EL Honig

ROTE BETE

6 kleine oder 2 große Rote Bete
2 Knoblauchzehen
5 Stängel Rosmarin
3 EL Olivenöl
2 EL Ahornsirup
Zitronensaft
Salz und Pfeffer

Die Gelatine in kaltem Wasser einweichen. Die Sahne in einen Topf geben, den Rosmarin und den Honig dazugeben und langsam erhitzen.

Den Rosmarin aus dem Topf entfernen und den Ziegenfrischkäse mit einem Schneebesen in die Sahne einrühren. Mit etwas Salz, Pfeffer und Limettensaft abschmecken.

Die Gelatine gut ausdrücken und in die Sahne einrühren, bis sie sich vollständig aufgelöst hat. Die Masse auf 6 Schälchen verteilen und über Nacht im Kühlschrank fest werden lassen.

Etwa 1 Stunde vor dem Servieren den Ofen auf 200 °C Ober-/Unterhitze vorheizen. Die Rote Bete würfeln. Den Knoblauch schälen und hacken. Aus dem Knoblauch und den restlichen Zutaten die Marinade herstellen und die Bete darin kurz marinieren. Die Bete in eine Auflaufform platzieren und im vorgeheizten Ofen weich rösten.

Die Walnüsse in einer heißen Pfanne ohne Zugabe von Öl anrösten. Den Honig dazugeben und kurz karamellisieren.

Die Walnüsse auf der Ziegenkäse-Pannacotta verteilen und zusammen mit der Roten Bete und etwas Rosmarin servieren.

KARTOFFEL-RÖSTI

mit Stremellachs und scharfer Avocadocreme

RÖSTI MIT LACHS IST EIN ECHTER KLASSIKER UND DAS, WIE ICH FINDE, ABSOLUT ZU RECHT. UNKOMPLIZIERT IN DER ZUBEREITUNG, WUNDERBAR KNUSPRIG UND IN DIESER VARIANTE MIT EINER SCHARFEN AVOCADOCREME MIT WASABI GANZ BESONDERS LECKER!

FÜR 4–6 PERSONEN
ZUBEREITUNGSZEIT: 40 MINUTEN

ZUTATEN
300 g Stremellachs aus dem Kühlregal
50 g Schmand (optional)

RÖSTI
500 g Kartoffeln
1 Zwiebel
1 kleine Knoblauchzehe
½ TL Kümmelpulver
1 Prise Muskatnuss
Salz und Pfeffer
Öl oder Butterschmalz zum Ausbacken

AVOCADOCREME
1 ½ reife Avocados
30 g Mayonnaise
½ TL Wasabi
Salz und Pfeffer
1 Spritzer Limettensaft
etwas gehackter Koriander

Für die Avocadocreme die Avocados halbieren, vom Kern befreien und mit einem Löffel aus der Schale lösen. In einem Rührbecher mit der Mayonnaise und dem Wasabi glatt pürieren. Der Wasabi ist sehr scharf und intensiv im Geschmack und sollte daher vorsichtig dosiert werden. Mit Salz, Pfeffer und Limettensaft abschmecken und etwas gehackten Koriander unterrühren. Die Creme bis zum Servieren kaltstellen. Den Stremellachs mit einer Gabel zu kleinen Scheiben auseinanderziehen und bis zur Weiterverwendung ebenfalls im Kühlschrank aufbewahren.

Den Ofen auf 75 °C Ober-/Unterhitze vorheizen.

Die Kartoffeln schälen und mit einer Reibe grob raspeln. Die Zwiebel und den Knoblauch schälen, sehr fein hacken und zu den Kartoffeln geben. Die Masse mit dem Kümmelpulver, dem Muskat sowie Salz und Pfeffer würzen und gut vermengen. In einer großen Pfanne ausreichend Öl oder Butterschmalz erhitzen. Aus jeweils 1–2 EL Kartoffelmasse mit Löffel und Händen etwa 1 cm dicke Röstiplätzchen formen und in der heißen Pfanne etwa 10 Minuten auf jeder Seite braten, bis sie goldbraun und gar sind. Damit die Röstiplätzchen nicht anbrennen, die Temperatur während des Bratens auf mittlere Hitze reduzieren. Sobald die Rösti gar sind, kann die Temperatur nochmals hochgeschaltet werden, bis die gewünschte Knusprigkeit erreicht ist. Die fertigen Rösti mit Küchenkrepp abtupfen und im vorgeheizten Ofen warmhalten.

Auf jedem Teller 2–3 Röstiplätzchen platzieren. Auf jedes Röstiplätzchen etwas Stremellachs und Avocadocreme verteilen und mit gehacktem Koriander bestreuen. Wer möchte, kann dazu noch etwas Schmand servieren.

WINTERLICHER FELDSALAT

mit gratinierten Pilzen und Granatapfel

EDEL UND STRESSFREI ZUGLEICH: DIE MISCHUNG AUS SIMPLEM FELDSALAT UND RAFFINIERT GEFÜLLTEN CHAMPIGNONS IST UNKOMPLIZIERT IN DER ZUBEREITUNG UND GESCHMACKLICH DENNOCH EIN VOLLTREFFER! DAS FRUCHTIGE DRESSING, DIE KNACKIGEN NÜSSE UND DIE LEICHT SÄUERLICHEN GRANATAPFELKERNE MACHEN DEN SALAT ZU ETWAS GANZ BESONDEREM!

FÜR 6 PERSONEN

ZUBEREITUNGSZEIT: 45 MINUTEN

GEFÜLLTE PILZE

18 mittelgroße Champignons
1 Zwiebel
1 Knoblauchzehe
1 Handvoll frische Petersilie oder Basilikum
etwas Öl und Butter zum Braten
Salz und Pfeffer
1 Schuss Ahornsirup
100 g Frischkäse
100 g milder Feta
½ TL Kümmelpulver
1 Prise Muskatnuss
Abrieb einer halben Bio-Zitrone
80 g geriebener milder Käse wie Gouda oder Mozzarella

SALAT

600 g Feldsalat
1 Granatapfel
100 g Walnüsse, Mandeln oder Haselnüsse

DRESSING

125 ml naturtrüber Apfelsaft
4 EL Olivenöl
2 EL Apfelessig
2 EL Ahornsirup
1 TL Dijonsenf
1 Prise Zimt
1 Prise Kümmelpulver
½ TL Salz und etwas Pfeffer

Den Ofen auf 220 °C Ober-/Unterhitze vorheizen.

Die Pilze putzen und die Stiele entfernen. Die Hälfte der Stiele klein hacken. Die Zwiebel und den Knoblauch schälen und sehr klein schneiden. Die Kräuter fein hacken. 2 EL Öl in einer Pfanne erhitzen, 1 TL Butter hinzufügen und die gehackten Pilzstiele, die Zwiebel und den Knoblauch darin glasig braten. Mit Salz und Pfeffer würzen und mit einem Schuss Ahornsirup karamellisieren.

Den Frischkäse und den Feta in eine Schüssel geben und mit einem Pürierstab durchmixen. (Sollte die Masse zu fest sein, einfach 1–2 EL Milch oder Sahne hinzufügen.) Mit Salz, Pfeffer, Kümmelpulver, Muskatnuss und Zitronenabrieb abschmecken und die Pilz-Zwiebelmischung sowie die gehackten Kräuter unter die Fetacreme mischen. Die Füllung auf die Champignons verteilen und jeden Pilz mit etwas geriebenem Käse bestreuen.

Eine Auflaufform mit etwas Butter einfetten und die Pilze darin verteilen. Die Pilze im vorgeheizten Ofen etwa 20–25 Minuten backen und währenddessen im Blick behalten. Sobald die Oberfläche etwas dunkler wird, mit einem Stück Alufolie lose abdecken. So können die Pilze weitergaren, ohne dass der Käse anbrennt.

In der Zwischenzeit den Feldsalat waschen, putzen und trockenschleudern. Die Zutaten für das Dressing gut vermischen. Den Granatapfel vierteln und die Kerne auslösen. Die Nüsse kurz in einer Pfanne anrösten. Den Salat mit dem Dressing vermischen. Auf Teller verteilen und mit Nüssen und Granatapfelkernen garnieren. Die Pilze aus dem Ofen nehmen und jeweils 3 Stück auf dem Salat drapieren.

BRATWÜRSTE

mit Honig-Senf-Glasur und lauwarmem Kartoffelsalat

KARTOFFELSALAT IST AUF UNSEREM WEIHNACHTSTISCH EIN ABSOLUTES MUSS. SCHMAND UND ORANGENSAFT GEBEN DEM SALAT EINE FRUCHTIG-LEICHTE FRISCHE UND DIE KALBSBRATWÜRSTE ERSTRAHLEN IN HONIG-SENF-GLASUR IN NEUEM GEWAND.

FÜR 4–6 PERSONEN
ZUBEREITUNGSZEIT INSGESAMT: 75 MINUTEN

KARTOFFELSALAT

1,5 kg festkochende Kartoffeln
2 kleine rote Zwiebeln
1 Knoblauchzehe
250 ml Gemüsefond
2 EL Apfelessig
1 EL Ahornsirup
3 EL Dijonsenf
Saft einer kleinen Orange
120 g Mayonnaise
80 g Schmand
Bio-Zitronensaft und -abrieb
Salz und Pfeffer

BRATWÜRSTE

2 EL Honig
2 ½ EL Senf
3 EL Öl + etwas zum Anbraten
1 TL Limettensaft
etwas getrockneter Rosmarin
Salz und Pfeffer
6–8 Kalbsbratwürste

ENIS GEHEIMTIPP

Die herrliche Apfel-Zwiebelschmelze von Seite 92 passt auch super zu diesem Gericht.

In einem Topf etwa 3 l Wasser aufsetzen und die Kartoffeln als Pellkartoffeln kochen. Die Kartoffeln, sobald sie weich sind, abgießen und pellen. Nach dem Pellen etwa 10 Minuten erkalten lassen und dann in dünne, gleichmäßige Scheiben schneiden.

Die Zwiebeln und den Knoblauch schälen und sehr fein hacken. Den Gemüsefond in einem kleinen Topf kurz aufkochen lassen und die Zwiebeln und den Knoblauch hinzugeben und kurz mitköcheln. Nun den Apfelessig, den Ahornsirup, den Senf und den Orangensaft hinzugeben und alles mit einem Pürierstab glatt und sämig pürieren.

Die Mischung über die noch warmen Kartoffelscheiben geben, vorsichtig unterrühren und etwas ziehen lassen. Die Mayonnaise mit dem Schmand, dem Zitronensaft und dem -abrieb gut verrühren, salzen und pfeffern und vorsichtig unter die Kartoffeln heben.

Für die Würste alle Zutaten bis auf die Würste in einem Schälchen zu einer Glasur glatt rühren. Den Ofen auf 180 °C Ober-/Unterhitze vorheizen.

Etwas Öl in einer großen Pfanne erhitzen und die Würste darin für 5–7 Minuten rundum anbraten. Anschließend aus der Pfanne nehmen, in der Glasur wenden und in einer großen Auflaufform im vorgeheizten Ofen etwa 15 Minuten lang backen. Die Würste aus dem Ofen nehmen und zum lauwarmen Kartoffelsalat servieren.

KLASSISCHE WEIHNACHTSGANS

mit Granatapfel-Rotkohl und Spekulatiusbrösel-Knödeln

INNEN BUTTERWEICHE UND AUẞEN KNUSPRIGE GANS, ZARTE KNÖDEL UND ROTKOHL SIND SEIT JAHREN UNSERE GANZ PERSÖNLICHE WEIHNACHTSTRADITION. ICH MAG ES UNHEIMLICH, AN DEN FESTTAGEN GANZ ENTSPANNT UND OHNE GROẞE EXPERIMENTE IN DER KÜCHE ZU STEHEN. ROTKOHL UND KNÖDEL BEREITE ICH MEIST SCHON EIN PAAR TAGE IM VORAUS ZU, UND AUCH DAS BRATEN DER GANS GESTALTET SICH DURCH DIE NIEDRIGGARMETHODE (SEITE 151) GANZ ENTSPANNT. SO BLEIBT JEDE MENGE ZEIT FÜR GEMÜTLICHKEIT!

FÜR 4–6 PERSONEN

INSGESAMT CA. 2,5 STUNDEN VORBEREITUNGSZEIT + 7 STUNDEN GARZEIT

GANS

1 küchenfertige frische Gans mit etwa 4–5 kg
Salz und Pfeffer
2 kleine Orangen
2 Stängel Rosmarin
1 Knolle Knoblauch

SAUCE

150 g Sellerie
2 Möhren
2 große Äpfel
300 g Champignons
3 Zwiebeln
5 große Knoblauchzehen
Salz und Pfeffer
Kümmelpulver nach Geschmack
1 EL Majoran
ca. 450 ml Geflügelfond oder Brühe + entfetteter Fond vom Gänsebraten
100 ml Rotwein + etwas mehr bei Bedarf
1 EL Tomatenmark
2 EL Kirschmarmelade
1 Prise Piment
kalte Butter oder Speisestärke (optional)

Die Innereien aus dem Gänsebauch entnehmen und das Gänsefett am Bauch entfernen. Die äußeren Flügelknochen und den Hals abschneiden und die Gans innen und außen gut mit kaltem Wasser abwaschen, mit etwas Küchenkrepp trocken tupfen und mit Salz und Pfeffer würzen.

Zwei kleine Orangen halbieren und zusammen mit zwei Stängeln Rosmarin und einer Knoblauchknolle in den Gänsebauch legen. Die Öffnung mit Holzspießen oder Küchengarn verschließen.

Den Ofen auf 220 °C Ober-/Unterhitze vorheizen.

Das Wurzelgemüse, die Äpfel, die Pilze, die Zwiebeln und den Knoblauch ggf. schälen, grob schneiden und auf dem Boden des Bräters verteilen. Mit Salz, Pfeffer, Kümmelpulver und Majoran würzen. 250 ml Geflügelbrühe darübergeben.

Den Rosteinsatz aufsetzen und die Gans mit der Brustseite nach unten auf den Rost legen. Im vorgeheizten Backofen auf der untersten Schiene etwa 1,5 Stunden garen, dabei die Gans nach der Hälfte der Zeit wenden und immer wieder mit dem austretenden Sud begießen.

Die Temperatur auf 80 °C reduzieren und die Gans etwa 6–7 Stunden weitergaren.

Zum Schluss die Temperatur nochmals auf 220 °C erhöhen. Die Gans aus dem Ofen nehmen, das Gemüse aus dem Bräter entnehmen (aufbewahren!) und den Bratenfond sowie das Fett

ZUM BEPINSELN
100 ml Orangensaft
2 EL Honig

in einen kleinen Topf abgießen. Den Orangensaft und den Honig zum Bepinseln mischen. Die Gans auf den Rost zurückstellen und 20–30 Minuten weitergaren, dabei immer wieder mit der Orangen-Honigmischung bepinseln, bis die Haut schön braun und knusprig ist.

Für die Sauce: Den Topf mit der Bratensauce für etwa 20 Minuten in den Gefrierschrank geben, so lässt sich das Fett im Anschluss ohne Probleme entfernen. Das geschmorte Gemüse und die Äpfel in einen Topf geben. Mit Rotwein, dem entfetten Bratenfond und ca. 150 ml Geflügelbrühe aufgießen und kurz aufkochen. Tomatenmark und Kirschmarmelade hinzufügen und alles etwa 10 Minuten einkochen. Mit Salz, Pfeffer, Kümmelpulver und Piment würzen und mit einem Stabmixer durchpürieren. Die Sauce durch ein Sieb geben und bei Bedarf mit etwas Geflügelfond und Rotwein aufgießen. Die Sauce nochmals reduzieren und, falls nötig, mit etwas kalter Butter oder Speisestärke binden.

Die Gans mit der Füllung, der Sauce und den Beilagen servieren.

KNÖDEL

ZUTATEN

1 kg mehligkochende Kartoffeln
60 g Kartoffelstärke
3 Eigelb
45 g Butter
1 Prise Muskatnuss
1 TL Salz

SPEKULATIUSBRÖSEL

150 g Speckwürfel
100 g Butter
4 EL Semmelbrösel
½ TL Spekulatiusgewürz

In einem großen Topf Wasser zum Kochen bringen und die ungeschälten Kartoffeln darin weich garen. Das Wasser abgießen, die Kartoffeln kurz mit kaltem Wasser abschrecken und pellen. Im noch warmen Topf ausdampfen lassen und zweimal durch eine Kartoffelpresse drücken.

Die Kartoffelmasse etwas abkühlen lassen, die Kartoffelstärke und die Eigelbe dazugeben und mit einem Kochlöffel gleichmäßig unterheben. Die Butter schmelzen und zusammen mit den Gewürzen zu der Knödelmasse geben. Mit nassen Händen zu einem glatten Knödelteig verkneten. Falls nötig, noch etwas Stärke hinzugeben und aus dem Teig Knödel formen.

Einen Topf mit Wasser erhitzen und die Knödel darin etwa 15–20 Minuten garen. Wichtig ist, dass das Wasser nicht kocht, da die Knödel ansonsten zerfallen können.

In der Zwischenzeit für die Brösel in einer Pfanne die Butter schmelzen, die Semmelbrösel und das Spekulatiusgewürz einrühren und kurz anrösten.

Die Knödel mit einer Schaumkelle entnehmen, in einem Sieb gut abtropfen lassen und mit den Spekulatiusbröseln servieren.

GRANATAPFEL-GLÜHWEIN-ROTKOHL

ZUTATEN

1 Rotkohl (ca. 1,3 kg)
2 mittelgroße Zwiebeln
1 Knoblauchzehe
1 EL Butterschmalz
3 Lorbeerblätter
5 Gewürznelken
2 Zimtstangen
250 ml Glühwein
150 ml Granatapfelsaft
4 EL Balsamico
100 ml Orangensaft
Salz
2 Granatäpfel
1 ½ EL Ahornsirup oder Honig
6 EL Kirschmarmelade

Den Rotkohl putzen, vierteln, den Strunk entfernen und den Kohl in feine Streifen schneiden. Die Zwiebeln und den Knoblauch ebenfalls schälen und fein hacken. Das Butterschmalz in einem großen Topf erhitzen und die Zwiebeln und den Knoblauch darin glasig dünsten.

Jetzt den Rotkohl, die Lorbeerblätter, die Nelken, den Zimt, den Glühwein, den Granatapfelsaft, den Balsamico und den Orangensaft hinzufügen und mit Salz würzen.

Den Rotkohl kurz aufkochen und 1,5 Stunden auf niedriger Hitze köcheln lassen.

In der Zwischenzeit die Granatäpfel halbieren und die Kerne entfernen. Das funktioniert am besten unter Wasser. Dazu eine größere Schüssel mit Wasser füllen und die Kerne unter Wasser mit den Händen auslösen. Ahornsirup oder Honig und die Kirschmarmelade unter den Rotkohl rühren und nach Belieben nachwürzen. Mit den Granatapfelkernen vermischen.

KNUSPRIGE ENTENBRUST

mit Glühweinsauce, Süßkartoffelpüree und Ofenrosenkohl

FESTLICH UND IM NU ZUBEREITET: DIESE KNUSPRIG-KROSSE ENTENBRUST MIT SÜßKARTOFFELPÜREE UND OFENROSENKOHL IST DIE RICHTIGE WAHL FÜR ALLE, DIE GERNE SCHNELL UND EINFACH EIN AUßERGEWÖHNLICH LECKERES MENÜ AUF DEN TISCH ZAUBERN WOLLEN. ALLE KOMPONENTEN SIND IN DER ZUBEREITUNG UNKOMPLIZIERT UND ERGÄNZEN SICH GESCHMACKLICH PERFEKT!

FÜR 4–6 PERSONEN

ZUBEREITUNGSZEIT: INSGESAMT 1,5 STUNDEN

ZUTATEN

etwas Öl
4–6 Entenbrüste à 300 g
Salz und Pfeffer
4 EL Aprikosenmarmelade
2 Knoblauchzehen
2 Rosmarinzweige
200 ml Geflügelfond oder -brühe
100 ml Glühwein
3 EL Ahornsirup
1 TL Kümmelpulver
2 Msp. Piment
1 TL Bio-Orangenabrieb
2 EL Speisestärke
2 EL Wasser

Den Backofen auf 175 °C Ober-/Unterhitze vorheizen und eine Auflaufform mit etwas Öl bepinseln.

Die Entenbrüste waschen, mit einem Küchenkrepp trocken tupfen und rundum salzen.

Die Haut mit einem scharfen Messer rautenförmig einschneiden und die Entenbrüste mit der Hautseite nach unten in eine kalte Pfanne legen. Die Brüste bei mittlerer Hitze ca. 5 Minuten braten, vorsichtig wenden und auf der Fleischseite 3–4 Minuten weiterbraten.

Die Entenbrüste aus der Pfanne nehmen, die Haut mit der Aprikosenmarmelade bestreichen und das Fleisch in die vorbereitete Auflaufform platzieren.

Die Entenbrüste im vorgeheizten Ofen 15 Minuten weitergaren, währenddessen die Sauce vorbereiten. Dafür die Knoblauchzehen schälen und klein schneiden. Die Rosmarinnadeln vom Stängel abzupfen und mit dem Knoblauch in etwas Öl anschwitzen. Mit Geflügelfond und Glühwein aufgießen, den Ahornsirup und das Kümmelpulver hinzufügen und auf mittlerer Hitze einköcheln lassen.

FORTSETZUNG →

Mit Piment und Orangenschale abschmecken und mit Salz und Pfeffer würzen.

Sollte die Sauce zu dünn sein, einfach die Speisestärke mit 2 EL Wasser glatt rühren, zur Sauce geben und kurz aufkochen lassen.

SÜßKARTOFFEL-PÜREE

ZUTATEN
1,5 kg Süßkartoffeln
4 Knoblauchzehen
100 ml Milch
85 g Butter
Salz und Pfeffer
3 Prisen Cayennepfeffer
3 Prisen Kümmelpulver
3 Prisen Zimt

Die Süßkartoffeln schälen und grob würfeln.

Einen Topf mit 1,5 l Wasser zum Kochen bringen, die Süßkartoffelwürfel dazugeben und in etwa 25 Minuten weich garen.

In der Zwischenzeit den Knoblauch schälen und in sehr dünne Scheiben schneiden. In einem kleinen Topf die Milch aufsetzen, den Knoblauch dazugeben und auf mittlerer Hitze ebenfalls 20 Minuten ganz sacht köcheln. Zum Schluss die Butter zu der Milch geben und schmelzen.

Die Süßkartoffeln abgießen und im noch heißen Topf kurz ausdampfen lassen.

Die Knoblauch-Milch-Buttermischung sowie die Gewürze zu den Süßkartoffeln geben und alles mit einem Stabmixer glatt pürieren.

ROSENKOHL
aus dem Ofen mit Cranberrys und Pekannüssen

ZUTATEN
500 g Rosenkohl
1 Knoblauchzehe
3 EL Olivenöl
4 EL Orangensaft
2 EL Ahornsirup
1 Prise Zimt
1 Prise Cayennepfeffer
1 Prise Kümmelpulver
1 Prise Zimt
Salz und Pfeffer
50 g getrocknete Cranberrys
50 g Pekannüsse

Den Ofen auf 200 °C Ober-/Unterhitze vorheizen.

Den Rosenkohl putzen, waschen und halbieren und in eine passende Auflaufform geben.

Den Knoblauch schälen und fein reiben.

Das Olivenöl, den Orangensaft, den Ahornsirup, die Gewürze, den geriebenen Knoblauch sowie Salz und Pfeffer dazugeben. Mit einem Löffel alles gut vermischen und das Gemüse damit marinieren.

Im heißen Ofen etwa 30–35 Minuten backen. Während der letzten 10 Minuten die getrockneten Cranberrys und die Pekannüsse dazugeben.

GEFLÜGEL-GUIDE

Die richtige Größe

Ente und Gans

Ente und Gans lassen beim Braten unheimlich viel Fett, daher sollte man pro Gast etwa 600–750 g veranschlagen.

4 PERSONEN 3–4 KG
6 PERSONEN 5–6 KG

Pute und Hähnchen

4 PERSONEN 3–4 KG
6 PERSONEN: 5–6 KG

Die Niedriggarmethode

Ob Gans, Pute oder Ente, meine absolute Lieblingsmethode, einen Geflügelbraten zuzubereiten, ist ohne Frage die Niedriggarmethode. Dabei wird das jeweilige Geflügel zunächst eine Stunde bei hoher Hitze (220 °C Ober-/Unterhitze) im Ofen gebraten und darf anschließend bei sanften Temperaturen (75 °C Ober-/Unterhitze) je nach Größe und Gewicht in etwa 5–7 Stunden fertig garen. Etwa 20 Minuten vor dem Ende der Garzeit wird das Geflügel mit einer Mischung aus Honig und Orangen bepinselt und unter dem Ofengrill knusprig geröstet. Das Ergebnis ist jedes Mal dasselbe: unheimlich zartes, saftiges Fleisch und eine herrlich krosse Haut!
Gebacken werden Gans & Co in einem Bräter. Dieser sollte unbedingt einen Rost haben, damit das Fett ablaufen kann und das Geflügel von allen Seiten kross wird. Nachdem das Geflügel fertig ist, leere ich das Fett und den Bratensaft in einen Messbecher und stelle ihn für etwa 20–30 Minuten in den Kühlschrank. Das Fett härtet an der Oberfläche aus und kann so ganz leicht von der Oberfläche abgeschöpft werden. Aus dem Bratensaft lässt sich mit etwas Rotwein, Kirschmarmelade, geschmorten Zwiebeln, Äpfeln und Knoblauch im Handumdrehen eine fantastische Sauce herstellen.

Füllung

Beim Thema Füllung scheiden sich die Geister. So finden sich in vielen Rezepten neben Zwiebeln, Brot und Äpfeln auch Innereien. Andere nehmen als Füllung nur Trockenobst, Maronen oder Nüsse. Erlaubt ist natürlich alles, was schmeckt! Ich persönlich verzichte auf Innereien, sowohl bei der Füllung als auch bei der Sauce, da ich den Geschmack schlichtweg nicht mag. Das Geflügel selbst befülle ich seit Jahren nur noch mit Orange, Thymian und Rosmarin – das gibt ein schönes Aroma und Beilagen wie Knödel und Rotkohl reichen zur Sättigung völlig aus.

WEIHNACHTLICHES WILDRAGOUT

mit Pilzen, Maronen, Preiselbeersahne und Brezenknödel

EIN ZARTES RAGOUT VOLLER WINTERLICHER AROMEN – DIESES GERICHT IST MEINE GEHEIMWAFFE FÜR GRÖẞERE GÄSTEGRUPPEN, UND DAS NICHT NUR AN WEIHNACHTEN. AM BESTEN SCHMECKT DAS RAGOUT ÜBRIGENS AM NÄCHSTEN TAG UND KANN DADURCH PERFEKT VORBEREITET WERDEN, GENAU WIE DIE BREZENKNÖDEL! DIE PREISELBEERSAHNE AM BESTEN ERST KURZ VOR DEM SERVIEREN ZUBEREITEN, DA SIE BEI LÄNGERER AUFBEWAHRUNGSZEIT GERNE MAL ZUSAMMENFÄLLT. WER WILD NICHT MAG, KANN STATTDESSEN ZU RINDERGULASCH, HÜFTSTEAK ODER FILET GREIFEN.

FÜR 4–6 PERSONEN

ZUBEREITUNGSZEIT INSGESAMT 1,5 STUNDEN + 2–3 STUNDEN GARZEIT

WILDRAGOUT

15 g getrocknete Steinpilze
1 kg Hirschgulasch
3 mittelgroße Zwiebeln
4 große Knoblauchzehen
3 Möhren
3 EL Butterschmalz
1 EL gutes Tomatenmark
2 TL Kümmelpulver
2 TL Majoran
Salz und Pfeffer
1 EL Waldhonig
300 ml kräftiger Rotwein
700 ml Gemüsebrühe
1 Sternanis
4 Gewürznelken
1 Zimtstange
1 Lorbeerblatt
500 g gemischte Waldpilze
100 g Maronen
1 EL Honig
Saft von ½ Orange + Bio-Orangenabrieb
½ Bund Petersilie

Die Steinpilze in etwas Wasser einweichen. Das Fleisch mit kaltem Wasser abbrausen, trocken tupfen und, falls nötig, von Sehnen und Häuten befreien.

Die Zwiebeln und den Knoblauch schälen und fein hacken, die Möhren schälen und in lange, etwa 2 cm dicke Streifen schneiden.

In einem großen Topf 2 EL Butterschmalz erhitzen und das Fleisch portionsweise scharf anbraten, bis es rundum braun ist. Die Fleischwürfel beiseitestellen und die Zwiebeln, den Knoblauch und die Möhren nun im Topf andünsten. Das Tomatenmark dazugeben und unter Rühren kurz mit anrösten. Mit Kümmelpulver, Majoran, Salz und Pfeffer würzen und mit dem Honig karamellisieren lassen.

Den Rotwein hinzugeben und auf hoher Hitze etwas einköcheln lassen. Das Fleisch zurück in den Topf geben, mit der Gemüsebrühe aufgießen, Sternanis, Nelken, Zimtstange und Lorbeerblatt hinzufügen und kurz aufkochen lassen. Die Temperatur auf mittlere bis niedrige Hitze reduzieren und das Fleisch unter verschlossenem Deckel etwa 2,5 Stunden schmoren, bis es zart ist.

FORTSETZUNG →

PREISELBEERSAHNE
150 ml Sahne
2 EL Preiselbeermarmelade

In der Zwischenzeit die Pilze putzen und in Scheiben schneiden.

Die Maronen vierteln. In einer Pfanne 1 EL Butterschmalz erhitzen und die Pilze darin goldbraun braten, die Maronen hinzugeben und kurz mitbraten. Mit etwas Honig karamellisieren lassen und mit dem Saft einer halben Orange ablöschen. Mit etwas Salz und Pfeffer würzen und die Pilz-Maronen-Mischung in den letzten 30 Minuten Kochzeit zum Ragout hinzugeben. Die eingeweichten Steinpilze aus der Flüssigkeit nehmen, klein schneiden und zusammen mit der Hälfte der Einweichflüssigkeit ebenfalls dazugeben.

Während das Ragout schmort, die Brezenknödel zubereiten.

Die Sahne aufschlagen, mit der Gabel 2 EL Preiselbeermarmelade unterziehen und bis zum Servieren kaltstellen.

Vor dem Servieren die Gewürze mit einem Löffel aus dem Ragout nehmen, ggf. nachwürzen und mit Orangenschale sowie etwas frischer Petersilie servieren.

BREZENKNÖDEL

ZUTATEN
2 mittelgroße Zwiebeln
30 g Butter
500 g Brezeln vom Vortag
500 ml warme Milch
4 Eier
Salz und Pfeffer
1 gute Prise Muskatnuss
2 Handvoll glatte Petersilie

Die Zwiebeln schälen und fein hacken. Die Butter in einem kleinen Topf erhitzen und die Zwiebeln darin glasig dünsten.

Die Brezeln würfeln und in eine Schale geben. Die Milch leicht erwärmen, die Eier verquirlen und zusammen mit den Zwiebeln und der Milch über die Brezenwürfel gießen. Mit Salz, Pfeffer und Muskatnuss würzen und die Petersilie klein hacken und dazugeben. Alles gut vermengen und etwa 20 Minuten ziehen lassen.

Die Masse anschließend mit feuchten Händen gut durchmischen. Etwas Frischhaltefolie auf der Arbeitsfläche aufrollen und die Masse zu zwei länglichen Rollen formen. Die Knödelrollen einzeln auf die Folie legen und fest damit umwickeln.

Nun die Rollen jeweils auf ein größeres Stück Alufolie legen und darauf achten, dass an den Enden noch etwas Folie übersteht, um die Rollen von beiden Seiten wie ein Bonbon verschließen zu können.

In einem großen Topf Wasser aufkochen. Die Rollen ins Wasser legen und die Temperatur auf die niedrigste Stufe reduzieren. Die Rollen etwa 20–25 Minuten im warmen Wasser ziehen lassen, aus der Folie wickeln und in Scheiben schneiden.

SCHWEINEFILET

mit Nüssen & Pflaumen, selbst gemachten Nockerln und Gewürzmöhren

DAS NOCKERLREZEPT MEINER OMA, DIE LIEBLINGSMÖHREN MEINER KINDER UND DAZU EIN KÖSTLICH GEFÜLLTES SCHWEINEFILET IN KNUSPRIGEM SPECKMANTEL – DIESES SIMPLE, ABER UNHEIMLICH LECKERE GERICHT LÄSST ALLE HERZEN AM TISCH HÖHERSCHLAGEN!

FÜR 4–6 PERSONEN

ZUBEREITUNGSZEIT INSGESAMT: 2 STUNDEN

SCHWEINEFILET

1 große Zwiebel
2 Knoblauchzehen
3 Stängel Thymian
65 g Walnüsse
350 g Trockenpflaumen (150 g für die Füllung, 200 g für die Sauce)
Öl zum Braten
Salz und Pfeffer
1 TL Kümmelpulver
2 EL Honig
1 TL Bio-Orangenabrieb
800 g Schweinefilet
200 g Frühstücksspeck in Scheiben
Butterschmalz zum Anbraten
350 ml Rotwein
600 ml Gemüsefond
3 Prisen Piment

ENIS GEHEIMTIPP

Wer mag, kann die Pflaumenmenge in der Füllung etwas reduzieren und durch die gleiche Menge gehackte Maronen ersetzen.

Den Backofen auf 180 °C Ober-/Unterhitze vorheizen. Die Zwiebel und den Knoblauch schälen und fein hacken. Den Thymian vom Stängel zupfen. Die Walnüsse sowie die Backpflaumen grob hacken. In einer Pfanne etwas Öl erhitzen und zunächst die Zwiebel und den Knoblauch goldgelb braten. Den Thymian, die Walnüsse und die Pflaumen hinzugeben und für einige Minuten mitbraten. Mit etwas Salz, Pfeffer und Kümmelpulver würzen und 1 EL Honig sowie die Orangenschale hinzugeben und kurz karamellisieren lassen.

Das Fleisch waschen, trocken tupfen und gegebenenfalls von Fett und Sehnen befreien. Die Filets mit dem Stiel eines Holzlöffels in der Mitte vorsichtig durchstechen und mit der Pflaumen-Nuss-Mischung befüllen. Alternativ können sie auch längs eingeschnitten werden, müssen dann aber mit Zahnstochern oder Rouladennadeln wieder verschlossen werden. Die Filets nun außenherum mit dem Frühstücksspeck umwickeln. In einer großen Pfanne Butterschmalz erhitzen. Die Filets darin rundherum scharf anbraten und in Alufolie gewickelt in eine feuerfeste Form legen. Im vorgeheizten Backofen etwa 35 Minuten braten.

Währenddessen den Rotwein sowie die restlichen Pflaumen in die Pfanne geben und mit einem Kochlöffel die Bratensätze lösen. Den restlichen Honig und die Brühe hinzugeben und bei hoher Hitze aufkochen lassen. Die Sauce anschließend bei mittlerer Hitze 20 Minuten weiterköcheln lassen. Die Sauce in einen Topf geben, glatt pürieren und mit Salz, Pfeffer, Kümmel und Piment abschmecken. Sollte die Sauce zu dickflüssig sein, einfach mit etwas mehr Wein und Brühe aufgießen.

Nach etwa 30 Minuten Garzeit die Filets aus der Alufolie nehmen und den Ofen auf Grillfunktion einstellen, damit der Speck schön knusprig wird. Die Filets aus dem Ofen nehmen und kurz ruhen lassen. Mit einem scharfen Messer in Scheiben schneiden und mit Gewürzmöhren und Nockerln sowie der Pflaumensauce servieren.

FORTSETZUNG →

SELBST GEMACHTE NOCKERLN
in Salbeibutter

ZUTATEN

500 g Mehl
1 TL Salz
2 Eier
200 ml Milch
2 EL Öl
ca. 150 ml Wasser

SALBEIBUTTER

60 g Butter
8–10 Salbeiblätter

ENIS GEHEIMTIPP

Die Nockerln können bereits am Vortag zubereitet werden. Damit sie nicht verkleben, verteile ich sie auf einem sauberen, zuvor mit Öl eingepinselten Backblech und decke sie mit Frischhaltefolie ab. Kurz vor dem Servieren können sie über warmen Wasserdampf erwärmt werden.

Das Mehl in eine Schüssel sieben und das Salz hinzufügen. Die Eier leicht aufschlagen und mit der Milch und dem Öl zu dem Mehl geben. Mit einem Kochlöffel zu einem glatten, dickflüssigen Teig verrühren. Sollte der Teig zu zäh sein, nach und nach Wasser hinzufügen, bis die gewünschte Konsistenz erreicht ist.

In einem großen Topf 2 l Wasser zum Kochen bringen. Den Teig portionsweise mit einer Spätzlepresse oder mit einem Schabbrett hineingeben.

Die Nockerln etwa 5–8 Minuten gar ziehen lassen. Sobald sie an die Oberfläche treten, mit einer Schaumkelle aus dem Wasser entfernen und in einem Sieb gut abtropfen lassen.

In einer Pfanne Butter erhitzen. Die Salbeiblätter hinzufügen und in der Butter langsam knusprig braten. Die Blätter mit einer Gabel aus der Pfanne nehmen und die Nockerln in der gebräunten Salbeibutter wenden. Nach Belieben die knusprigen Salbeiblätter darüberbröseln.

LIEBLINGSMÖHREN
in cremigem Gewürzsud

ZUTATEN

500 g Möhren
500 ml Gemüsefond
2 Knoblauchzehen
1 cm Ingwer
2 EL Butter
1 Vanilleschote
1 TL Kümmelpulver
2 TL Majoran
Salz und Pfeffer
1 EL Aprikosen- oder Orangenmarmelade
Limetten- oder Zitronensaft
3 TL Mehl
3 EL Sahne

Die Möhren schälen und in dünne Ringe schneiden. In einen mittelgroßen Topf geben und mit Gemüsebrühe bedecken. Den Knoblauch und den Ingwer schälen und fein reiben.

Die Butter, die Vanilleschote, den Knoblauch, den Ingwer sowie die Gewürze dazugeben und etwa 25 Minuten auf mittlerer bis hoher Hitze kochen, bis die Möhren weich sind und der Gewürzsud leicht eingekocht ist.

Mit Aprikosenmarmelade und etwas Limettensaft abschmecken und gegebenenfalls nachwürzen. Sollte der Sud nicht sämig genug sein, einfach 3 TL Mehl in 3 EL Sahne verquirlen und mit den Möhren kurz aufkochen lassen.

VEGETARISCH

LINSENBRATEN

mit Pilzen und Cranberry-Glasur, Ofenkürbis und Kartoffelgratin

DIESER LINSENBRATEN IST DIE OPTIMALE LÖSUNG, WENN VEGETARIER UNTER DEN GÄSTEN SIND. DER ABSOLUTE CLOU IST JEDOCH DAS KARTOFFELGRATIN. DAS BESONDERE AN DIESEM GRATIN IST NICHT NUR DER FRUCHTIG-WÜRZIGE GESCHMACK DURCH BIRNE UND GORGONZOLA, SONDERN VOR ALLEM AUCH DIE ZUBEREITUNGSART: DIE KARTOFFELSCHEIBEN UND DIE BIRNEN WERDEN IM TOPF MIT SAHNE, ETWAS BRÜHE UND GORGONZOLA LANGSAM WEICH GEKÖCHELT UND MÜSSEN DANACH NUR NOCH KURZ MIT KÄSE ÜBERBACKEN WERDEN. DAS IST BESONDERS PRAKTISCH, WENN DER OFEN BEREITS DURCH EINEN BRATEN BESETZT IST.

FÜR 4–6 PERSONEN
ZUBEREITUNGSZEIT INSGESAMT: 2 STUNDEN

LINSENBRATEN

2 Zwiebeln
2 Knoblauchzehen
1 Möhre
1 Apfel
100 g Champignons
50 g vorgegarte Maronen
50 g Walnüsse oder andere Nüsse
200 g Toastbrot
125 g Butter + etwas für die Form
50 ml Rotwein
200 ml Milch
2 EL Tomatenmark
2 EL Dijonsenf
1–2 TL Gemüsebrühepulver
1 EL Mehl
1 EL getrockneter Thymian
1 TL getrockneter Oregano
1 TL Kümmelpulver
1 TL Ahornsirup
Salz und Pfeffer
250 g gekochte Belugalinsen
150 g Haferflocken
Semmelbrösel zum Bestreuen
3–4 EL Cranberrychutney (Seite 28) oder -marmelade zum Bestreichen

Die Zwiebeln, den Knoblauch, die Möhre und den Apfel schälen und fein würfeln. Die Pilze putzen und ebenfalls würfeln. Die Maronen und die Nüsse grob hacken und das Toastbrot in einer Küchenmaschine klein häckseln.

Die Butter nun in einer großen Pfanne erhitzen und den Knoblauch, die Pilze, den Apfel, die Maronen und die Möhren- und Zwiebelwürfel etwa 5–7 Minuten darin anbraten. Die Mischung mit etwas Rotwein ablöschen und einkochen lassen. Nun die Milch, das Tomatenmark, den Senf und das Gemüsebrühepulver hinzufügen und kurz aufkochen. Die Sauce nun mit dem Mehl etwas eindicken und mit den Gewürzen, dem Ahornsirup sowie Salz und Pfeffer abschmecken.

Nun die gekochten Linsen zusammen mit den Haferflocken, den Walnüssen, dem Toastbrot und der Sauce in eine große Schüssel geben und gut vermengen. Mit Salz, Pfeffer und Kümmelpulver abschmecken.

FORTSETZUNG →

Den Backofen nun auf 180 °C Ober-/Unterhitze vorheizen und währenddessen eine Kastenform sehr gut einfetten. Die Innenseite der Form mit Semmelbröseln bestreuen und die Masse dazugeben. Die Oberfläche der Masse mit der Rückseite eines Löffels glatt streichen.

Die Form mit Alufolie abdecken und etwa 60 Minuten im Backofen backen. Zum Schluss die Alufolie abnehmen und ca. 15–20 Minuten weiterbacken, damit die Oberfläche schön braun wird. In den letzten 10 Minuten Backzeit den Braten mit etwas Cranberrysauce oder Marmelade bestreichen und fertig backen. Den Braten in der Form noch einige Minuten auskühlen lassen. Die Masse ist im heißen Zustand ähnlich wie bei einem Kuchen sehr weich und wird durch das Abkühlen noch fester. Da der Braten etwas zerbrechlich ist, zum Servieren am besten in etwas breitere Scheiben schneiden.

PILZSAUCE

2 rote Zwiebeln
2 Knoblauchzehen
1 Stängel Rosmarin
4 Stängel Thymian
200 g braune Champignons
25 g Butter
2 TL Tomatenmark
1 EL Honig
100 ml Rotwein
500 ml kräftige Gemüsebrühe
1 Lorbeerblatt
1 EL Mehl
Salz und Pfeffer
½ TL Kümmelpulver
2 Prisen Piment
etwas Bio-Orangenabrieb

Die Zwiebeln und den Knoblauch schälen und fein hacken. Den Rosmarin und den Thymian vom Stängel zupfen und fein hacken. Die Pilze putzen und in Scheiben schneiden.

Die Butter in einem Topf erhitzen. Die Zwiebeln und den Knoblauch dazugeben und goldgelb anbraten. Die Pilze und die Kräuter dazugeben und mitbraten. Das Tomatenmark und den Honig hinzufügen, den Rotwein angießen und einkochen lassen.

Die Gemüsebrühe und das Lorbeerblatt dazugeben und die Sauce unter Rühren aufkochen. Die Temperatur etwas reduzieren und die Sauce etwa 15 Minuten köcheln lassen. Nun das Mehl dazugeben und mit einem Schneebesen einrühren. Das Lorbeerblatt entfernen und die Sauce anschließend mit einem Pürierstab glatt pürieren. Mit Salz, Pfeffer, Kümmelpulver, Piment und Orangenschale abschmecken.

KARTOFFELGRATIN

1 kg Kartoffeln
1 Zwiebel
2 Knoblauchzehen
35 g Butter
150 ml Weißwein
400 ml Sahne
60 g Gorgonzola
250 ml Gemüsebrühe
1 Zweig Rosmarin
1 Lorbeerblatt
Salz und Pfeffer
2 Prisen Muskat
1 TL Kümmelpulver
2 Birnen
150 g geriebener Asiago oder Gouda

Die Kartoffeln schälen und in eine Schale mit kaltem Wasser legen. Die Zwiebel und den Knoblauch schälen. Die Butter in einem Topf erhitzen. Die Zwiebel und den Knoblauch darin anschwitzen und den Wein angießen und einkochen.

Die Kartoffeln fein hobeln und mit der Sahne, dem Gorgonzola und der Gemüsebrühe in den Topf geben. Den Rosmarin und das Lorbeerblatt dazugeben. Mit Salz, Pfeffer, Muskat und Kümmelpulver würzen und ca. 45 Minuten ohne Deckel kochen.

Die Birnen schälen, entkernen und ebenfalls fein hobeln. In den letzten 10 Minuten Garzeit die Birnenscheiben zu den Kartoffeln hinzugeben.

Den Ofen auf 200 °C Ober-/Unterhitze vorheizen.

Sobald die Kartoffeln weich sind und die Sauce schön sämig ist, die Mischung in eine Auflaufform gießen. Mit Asiago oder Gouda bestreuen. Den vorgeheizten Ofen auf Grillfunktion umschalten und etwa 8–10 Minuten überbacken.

OFENKÜRBIS

1 Hokkaidokürbis
3 Knoblauchzehen
2 EL Thai-Curry-Pulver
2 EL Ahornsirup
3 TL Kümmelpulver
½ TL Ingwerpulver (oder ½ cm frischer Ingwer, fein gehackt)
4 EL Pflanzenöl
Salz und Pfeffer
nach Bedarf Cayennepfeffer

Den Ofen auf 220 °C Ober-/Unterhitze vorheizen und ein Backblech mit Backpapier auslegen.

Den Hokkaido waschen, halbieren, von Fasern und Kernen befreien und würfeln. Den Knoblauch schälen und pressen. Das Thai-Curry-Pulver, den Knoblauch, den Ahornsirup, das Kümmelpulver, das Ingwerpulver und das Öl in eine Schüssel geben und gut vermischen.

Die Kürbiswürfel ebenfalls in die Tüte geben und ordentlich durchschütteln, bis der Kürbis von allen Seiten gleichmäßig mariniert ist.

Den Kürbis auf das vorbereitete Backblech geben, mit Salz, Pfeffer und nach Belieben mit Cayennepfeffer würzen und im vorgeheizten Backofen etwa 20–25 Minuten rösten, bis der Kürbis innen schön weich und außen knusprig ist.

LACHS-PROSECCO-GRATIN

mit Blattspinat, Meerrettich-Kartoffelpüree und gebratenen Äpfeln

DIE PERFEKTE WAHL FÜR ALLE FISCHLIEBHABER IST DIESES CREMIGE LACHS-GRATIN MIT SPINAT UND WÜRZIGEM KARTOFFELPÜREE! FÜR DAS PÜREE SOLLTE UNBEDINGT FRISCH GERIEBENER MEERRETTICH VERWENDET WERDEN UND DIESER SOLLTE MIT VORSICHT DOSIERT WERDEN, ER BRINGT NÄMLICH EINIGES AN SCHÄRFE MIT SICH!

FÜR 4–6 PERSONEN

ZUBEREITUNGSZEIT: INSGESAMT 1,5 STUNDEN

GRATIN

4 Lachsfilets à 200 g ohne Haut
2 Knoblauchzehen
Salz und Pfeffer
Abrieb und Saft einer Bio-Zitrone
200 ml Schlagsahne
200 g Crème fraîche
125 ml Prosecco
1 TL Gemüsebrühepulver
1 EL Ahornsirup
Abrieb und Saft einer Bio-Orange
250 g Babyspinat

GREMOLATA

1 Knoblauchzehe
1 kleines Bund Petersilie
Abrieb einer Bio-Limette

Den Lachs abspülen und mit einem Küchenkrepp vorsichtig abtupfen. Den Knoblauch schälen und fein hacken. Den Lachs in eine Auflaufform geben, zunächst salzen und pfeffern und dann mit dem Knoblauch und der Zitronenschale einreiben.

Die Schlagsahne, die Crème fraîche und den Prosecco in einem Topf glatt rühren und leicht erwärmen. Das Brühepulver, den Ahornsirup und den Zitronen- sowie den Orangensaft hinzugeben und mit Salz und Pfeffer abschmecken.

Die Mischung über den Lachs gießen, den Babyspinat in der Form verteilen und im vorgeheizten Ofen etwa 25 Minuten garen.

In der Zwischenzeit die Gremolata zubereiten. Dafür den Knoblauch schälen. die Petersilie und den Knoblauch sehr fein hacken, den Limetten- und Orangenabrieb dazugeben und gut verrühren. Den Lachs aus dem Ofen holen und mit Kartoffelpüree und Äpfeln servieren.

FORTSETZUNG →

KARTOFFELPÜREE

2 kg mehligkochende Kartoffeln
Salz und Pfeffer
300 ml Milch
65 g Butter
Muskatnuss
ein Hauch frischer Meerrettich

Die Kartoffeln schälen und in Würfel schneiden. In ausreichend Salzwasser in einem großen Topf etwa 15–20 Minuten weich garen.

Die Kartoffeln abgießen und kurz in den heißen Topf zurückstellen, damit sie etwas ausdampfen können. Währenddessen die Milch mit der Butter erhitzen, bis die Butter geschmolzen ist. Die Milch mit Salz, Pfeffer und Muskat würzen und in langsamem Strahl zu den Kartoffeln geben. Die Kartoffeln währenddessen mit dem Schneebesenaufsatz eines Handgerätes cremig rühren. Zunächst auf der niedrigsten Stufe rühren und die Geschwindigkeit langsam erhöhen.

Etwas frischen Meerrettich über das Püree reiben und das Püree noch einmal durchrühren.

ÄPFEL

3 Äpfel
1 Zwiebel
Öl oder Butterschmalz zum Braten
3–4 Zweige Thymian
200 ml Gemüsebrühe
Kümmelpulver
Salz und Pfeffer
100 g Speckwürfel (optional)

Die Äpfel waschen, entkernen und waagerecht in runde Scheiben schneiden. Die Zwiebel schälen und in dünne Ringe schneiden. In einer Pfanne Öl oder Butterschmalz erhitzen. Die Apfel- und Zwiebelringe sowie den Thymian hinzugeben und goldbraun braten. Immer wieder etwas Brühe angießen und die Äpfel und die Zwiebel darin weich schmoren. Mit Kümmelpulver, Salz und Pfeffer abschmecken. Zum Schluss nach Belieben gebratene Speckwürfel dazugeben.

VEGETARISCH

TOPFEN-KNÖDEL

mit Vanillekipferl-Krokant-Bröseln und Punschbeeren

TOPFENKNÖDEL SIND EINE MEINER LIEBSTEN KINDHEITSERINNERUNGEN UND EIN GERICHT, DAS ES BEI UNS FRÜHER FAST WÖCHENTLICH GAB. DAS HIGHLIGHT WAREN GANZ KLAR DIE LECKEREN ZIMT-ZUCKER-BUTTERBRÖSEL, IN DENEN SIE VOR DEM SERVIEREN GEWÄLZT WERDEN, UND NOCH HEUTE WÜRDE ICH MICH IN DIESEN LECKEREN NACHTISCH AM LIEBSTEN REINLEGEN. ALS WEIHNACHTLICHE ABWANDLUNG HABE ICH ALS BRÖSEL-BASIS EINEN TEIL VANILLEKIPFERL UND HASELNUSS-KROKANT GENOMMEN. DIE KNÖDEL SELBST BEREITE ICH GANZ KLASSISCH NACH DEM REZEPT MEINER OMA ZU. DAZU GIBT'S PUNSCHBEEREN UND EINE GANZ LEICHTE SCHMANDCREME. SO GUT!!!

FÜR 4–6 PERSONEN
ZUBEREITUNGSZEIT: 45 MINUTEN

TOPFENKNÖDEL
250 g Quark
1 Ei
1 Eigelb
35 g sehr weiche Butter
30 g Puderzucker
1 EL Weichweizengrieß
3 EL Semmelbrösel
1 Pck. Vanillezucker
Abrieb einer halben kleinen Bio-Zitrone

PUNSCHBEEREN
3 EL brauner Zucker
150 ml Früchtepunsch
300 g TK-Beeren
3 Gewürznelken
1 Zimtstange
Abrieb einer kleinen Bio-Orange
evtl. 1 TL Speisestärke
evtl. 2 EL Wasser

Den Quark auf ein feuchtes Küchentuch geben: Das Tuch fest um den Quark legen und die Feuchtigkeit gründlich herausdrücken.

Den trockenen Quark in eine Schüssel geben. Das Ei und das Eigelb verquirlen und zusammen mit den restlichen Zutaten zum Quark hinzufügen und mit einer Gabel zu einem glatten Knödelteig vermischen. Den Teig etwa 30 Minuten ruhen lassen und in der Zwischenzeit die Punschbeeren zubereiten.

Dafür in einem kleinen Topf 3 EL Zucker karamellisieren und den Punsch einrühren. Die gefrorenen Beeren, die Nelken, die Zimtstange und die Orangenschale hinzugeben, aufkochen lassen und einköcheln lassen. Falls nötig 1 TL Speisestärke mit 2 EL Wasser glatt rühren und kurz mit den Beeren aufkochen. Anschließend die Gewürznelken und die Zimtstange entfernen und die Beeren bis zum Servieren aufbewahren.

In einem großen Topf etwa 2 l Wasser zum Kochen bringen. Aus der Quarkmasse nun mit feuchten Händen Knödel formen und die Knödel bei sanfter Hitze gar ziehen lassen, bis sie an die Oberfläche treten. Die fertigen Knödel mit einer Schaumkelle entnehmen und in einem Sieb abtropfen lassen

SCHMANDCREME
1 Becher Schmand
3 EL Puderzucker + etwas zum Bestäuben
Abrieb einer halben kleinen Bio-Zitrone

BRÖSEL
40 g Butter
50 g Semmelbrösel
50 g gehackte Vanillekipferl
1 EL brauner Zucker
1 TL Zimt
3 EL Haselnusskrokant

Den Schmand in ein Schälchen geben und mit Puderzucker und Zitronenabrieb glatt rühren.

Für die Brösel die Butter in einer großen Pfanne zerlassen und vorsichtig erhitzen. Die Semmelbrösel und die fein gehackten Vanillekipferl hinzugeben, mit einem Pfannenwender gut vermischen und bei mittlerer Hitze in 3–5 Minuten goldbraun rösten. Die Pfanne vom Herd nehmen und Zucker, Zimt sowie Krokant hinzugeben und vermischen.

Die fertigen Knödel vor dem Servieren in den Bröseln wenden und mit etwas Puderzucker bestäuben. Mit den Punschbeeren und der Schmandcreme anrichten.

KLEINE POTS DE CRÈME AU CHOCOLAT

mit Meersalz, gebrannten Kürbiskernen und Himbeer-Ragout

POTS DE CREME SIND EINE FRANZÖSISCHE DESSERT-SPEZIALITÄT UND ERINNERN VON DER KONSISTENZ HER AN EINE MISCHUNG AUS PUDDING, PANNACOTTA UND CRÈME BRÛLÉE. UNHEIMLICH SAHNIG, CREMIG UND SCHOKOLADIG SIND DIE KLEINEN CREME-TÖPFCHEN UND SIE SCHMECKEN EINFACH NUR HERRLICH, WENN IHR MICH FRAGT! DAS LEICHT SÄUERLICHE ZITRUS-RAGOUT GIBT DEM NACHTISCH FRISCHE UND IST DER PERFEKTE GEGENPART ZU DER REICHHALTIGEN CREME UND DEN SÜßLICHEN MANDELN.

FÜR 6 PERSONEN
ZUBEREITUNGSZEIT: 35 MINUTEN + MINDESTENS 5 STUNDEN KÜHLZEIT

POTS DE CRÈME

150 g allerbeste Vollmilchkuvertüre
400 ml Schlagsahne
3 Eigelb (Gr. L)
1 EL Demerara-Zucker
1 Prise Salz
30 g gebrannte Kürbiskerne oder Mandeln
Fleur de Sel zum Bestreuen

HIMBEER-RAGOUT

100 g TK-Himbeeren
50 ml Wasser
3 cl Lillet
2 EL Vanillezucker
etwas Bio-Limettenabrieb

Die Kuvertüre sehr fein hacken. In einem kleinen Topf die Sahne, die Eigelbe, den Zucker und das Salz verrühren. Bei mittlerer Hitze langsam erhitzen und unter ständigem Rühren aufkochen lassen, bis die Creme etwas eindickt.

Nun die Hitze reduzieren, die fein gehackte Kuvertüre zu der Creme geben und gut unterrühren, bis die Schokolade vollständig geschmolzen ist. Die Schokocreme in 6 kleine Glasförmchen füllen und mindestens 4 Stunden, besser über Nacht, kaltstellen.

Für das Himbeer-Ragout die Himbeeren und das Wasser in einen kleinen Topf geben und erhitzen. Den Lillet und den Vanillezucker hinzufügen, aufkochen lassen und bis zur Hälfte reduzieren. Mit Limettenabrieb und nach Bedarf etwas mehr Vanillezucker abschmecken.
Die gebrannten Kürbiskerne grob hacken. Die Schokocreme mit den Kürbiskernen und dem Fleur de Sel bestreuen und mit dem Himbeer-Ragout servieren.

ENIS GEHEIMTIPP

Gebrannte Kürbiskerne bekommt man auf vielen Weihnachtsmärkten, aber auch im gut sortierten Supermarkt!

VEGETARISCH

WALNUSS-PALATSCHINKEN

mit Orangen-Schokosauce

MIT PFANNKUCHEN ALS DESSERT KANN KAUM ETWAS SCHIEFGEHEN, VOR ALLEM WENN SIE MIT LECKERER NUSSFÜLLUNG UND SCHOKOLADENSAUCE SERVIERT WERDEN. DAMIT ES BEIM ANRICHTEN SCHNELL GEHT, KÖNNEN ALLE KOMPONENTEN BEREITS IM VORAUS ZUBEREITET WERDEN.

FÜR 4–6 PERSONEN
ZUBEREITUNGSZEIT: 45 MINUTEN

FÜLLUNG
200 g geriebene Walnüsse
50 g Puderzucker
1 Pck. Vanillezucker
½ TL Zimt
1–2 TL Rum
150 ml Schlagsahne
1 TL Bio-Orangenabrieb
etwas Bio-Zitronenabrieb

PALATSCHINKEN
4 Eier
300 g Mehl
2 EL Zucker
600 ml Milch
200 ml Mineralwasser
2 TL Öl + Öl zum Ausbacken

SCHOKOSAUCE
50 g Zartbitterschokolade
200 ml Sahne
135 g Zucker
½ TL Bio-Orangenabrieb
50 g Backkakao
15 g kalte Butter

ZUM SERVIEREN
Schlagsahne

Für die Füllung die Nüsse, den Puderzucker, den Vanillezucker, den Zimt und den Rum vermischen und etwa 20 Minuten ziehen lassen. Die Sahne in einem kleinen Topf aufkochen und die Nussmasse hinzufügen. Etwa 5 Minuten unter ständigem Rühren köcheln, bis eine leicht breiige Masse entsteht. Orangen- und Zitronenschale hinzugeben und nach Belieben noch etwas Rum hinzufügen.

Für den Teig alle Zutaten in eine Rührschüssel geben und mit dem Handrührgerät gründlich zu einem glatten Teig verquirlen. Den Teig etwa 30 Minuten im Kühlschrank ruhen lassen.

In der Zwischenzeit die Schokosauce zubereiten. Dafür die Schokolade grob hacken. Die Sahne in einem kleinen Topf mit dem Zucker und dem Orangenabrieb erwärmen. Sie sollte heiß sein, aber nicht kochen. Das Kakaopulver hinzufügen und mit einem Schneebesen rühren, bis keine Klümpchen mehr vorhanden sind. Nun die Schokolade hinzufügen und weiterrühren, bis sie komplett geschmolzen ist. Zuletzt die kalte Butter unterrühren. Die Sauce vom Herd nehmen.

Den Teig aus dem Kühlschrank nehmen und kurz durchrühren. Etwas Öl in eine große Pfanne geben und erhitzen. Die Hitze reduzieren und mit einem Schöpflöffel den Teig in die heiße Pfanne geben. Die Pfanne etwas hin und her schwenken, damit sich der Teig gleichmäßig auf dem Pfannenboden verteilt. Den Pfannkuchen von beiden Seiten goldgelb backen. Die fertigen Palatschinken auf einem Teller stapeln und mit einem sauberen Küchentuch abdecken.

Sobald alle Palatschinken ausgebacken sind, jeden mit ca. 2–3 EL der Nussmasse gleichmäßig bestreichen, in der Mitte zusammenklappen und dann nochmals zusammenklappen, sodass ein Dreieck entsteht. Mit der Schokoladensauce beträufeln und nach Belieben mit etwas frisch geschlagener Sahne servieren.

VEGETARISCH

MARZIPAN-PARFAIT

mit Nougatsauce und Kirschen

CREMIGES MARZIPANEIS STAND SCHON LANGE AUF MEINER WUNSCHLISTE, ALSO HABE ICH MICH ANS WERK GEMACHT UND DIESES KÖSTLICHE PARFAIT AUSGETÜFTELT. DAZU GIBT ES SAMTIGE NOUGATSAUCE UND FRISCHE ORANGEN FÜR EINEN HAUCH VON SÄURE. EIN DESSERTTRAUM WIRD WAHR!

FÜR 4–6 PERSONEN

ZUBEREITUNGSZEIT: 45 MINUTEN + KÜHLZEIT

MARZIPANPARFAIT

400 ml Schlagsahne
60 g Marzipan-Rohmasse
3 Eigelb
60 g Zucker
1 EL Amaretto oder ein paar Tropfen Bittermandelaroma

NOUGATSAUCE

100 g Nougat
150 ml Sahne
1 Prise Meersalz

KIRSCHEN

1 kleines Glas Sauerkirschen
2 TL Honig
etwas Limettensaft

100 ml Sahne in einem Topf erhitzen. Das Marzipan mit einer Küchenreibe fein reiben und unter Rühren in der Sahne auflösen. Die Masse anschließend auskühlen lassen.

Die Eigelbe und den Zucker in eine Rührschüssel geben und mit einem Handrührgerät dick cremig schlagen. Den Amaretto oder das Bittermandelaroma hinzufügen. Die restliche Sahne steif schlagen.

Die Marzipansahne und die Eigelbmischung verrühren und die geschlagene Sahne gut unterheben.

Die Masse in 6 Förmchen geben und mindestens 5 Stunden, besser über Nacht, im Gefrierfach festwerden lassen.

Für die Sauce den Nougat klein schneiden. Die Sahne kurz aufkochen, den Nougat darin unter Rühren schmelzen, bis er sich mit der Sahne verbunden hat. Mit einer Prise Meersalz abschmecken.

Die Kirschen abgießen, dabei 100 ml Saft auffangen. In einem kleinen Topf den Kirschsaft mit dem Honig aufkochen und auf hoher Hitze einige Minuten einköcheln lassen, bis die Flüssigkeit etwas eindickt. Die Kirschen nun hinzugeben und mit etwas Limettensaft abschmecken.

Das Parfait vor dem Servieren mindestens 15–20 Minuten antauen lassen und dann vorsichtig auf Teller stürzen. Mit der Nougatsauce und den Kirschen servieren.

VEGETARISCH

APFEL-BIRNEN-CRUMBLE

mit Eggnog-Sauce

EIN CRUMBLE GEHÖRT FÜR MICH ZU DEN KLASSIKERN, DIE NIEMALS ALT WERDEN. WARMES, GESCHMORTES OBST MIT EINEM HAUCH VON ZIMT, EINE KNUSPRIG-SÜßE STREUSELDECKE UND DAZU EINE HERRLICHE VANILLESAUCE MIT EGGNOG-AROMA. DAZU NOCH EINE GROßE KUGEL HASELNUSSEIS ODER EIN KLECKS SAHNE UND ALLE SIND GLÜCKLICH!

FÜR 4–6 PERSONEN
ZUBEREITUNGSZEIT: 60 MINUTEN

STREUSEL
175 g weiche Butter
200 g Haferflocken
100 g Mehl
150 g Demerara-Zucker
2 TL Zimt

CRUMBLE
4 große Äpfel
3 reife Birnen
etwas Zitronensaft
2 TL Zimt

SAUCE
3 Eigelb
150 ml Sahne
3 EL Zucker
Mark einer Vanilleschote
750 ml Milch
1 Prise Salz
3 EL Mehl
1 Prise Piment
1 Prise Muskat
1 Schuss Rum oder etwas Rumaroma

AUßERDEM
Walnusseis zum Servieren

Die Butter mit den Haferflocken, dem Mehl, dem Zucker und dem Zimt in einer Schüssel vermengen und kaltstellen.

Den Ofen auf 190 °C Ober-/Unterhitze vorheizen.

Die Äpfel und die Birnen schälen, entkernen, würfeln und in eine ofenfeste Form verteilen. Mit etwas Zitronensaft beträufeln und mit dem Zimt bestreuen.

Nun die Streusel über dem Obst verteilen und den Crumble auf mittlerer Schiene in etwa 25–30 Minuten goldbraun backen.

In der Zwischenzeit die Sauce zubereiten. Dafür die Eigelbe mit der Sahne und dem Zucker gut verquirlen, bis sich der Zucker aufgelöst hat. Das Mark der Vanilleschote auskratzen und die Milch in einem Topf mit der Schote und dem Mark langsam aufkochen. Eine Prise Salz hinzugeben und das Mehl unter schnellem Rühren hinzugeben und weiterköcheln, bis die Milch etwas eindickt. Die Milch vom Herd nehmen, mit der Ei-Sahne-Mischung verquirlen und in eine Schale oder ein Kännchen umfüllen. Mit den Gewürzen und etwas Rum abschmecken und nicht mehr aufkochen, da sonst das Eigelb gerinnt

Den Crumble mit der Sauce und einer Kugel Walnusseis servieren.

Und nun heißen wir ein neues Jahr willkommen. Voller Dinge, die noch nie passiert sind.

RAINER MARIA RILKE

GEMEINSAM INS NEUE JAHR – FONDUE & RACLETTE IN GESELLIGER RUNDE

Wenn sich das Jahr dem Ende zuneigt, stellt sich immer wieder die Frage: Wie wollen wir Silvester feiern? Es mag zwar etwas langweilig klingen, aber für uns ist die Antwort alle Jahre wieder die gleiche: in gemütlicher Runde, mit guten Freunden und viel leckerem Essen. Ich hatte mir für dieses Kapitel ursprünglich vorgenommen, eine Reihe ausgefallener Ideen zu entwickeln und bin dennoch immer wieder bei den altbekannten Klassikern Raclette und Fondue gelandet. Und wenn wir mal ganz ehrlich sind, ist es oft genau das, nach dem wir uns am meisten sehnen: das Bekannte, das Geschätzte, das Traditionelle. Ich liebe es, mir an diesem letzten Abend im Jahr keinerlei Gedanken machen zu müssen, sondern einfach instinktiv das zu tun, was wir jedes Jahr tun.

Ich weiß jetzt schon, dass ich nächstes Jahr an Silvester Kartoffeln kochen und Dips anrühren werde, während unsere Freunde Ljubi und Jan sich um Drinks, Kindersekt und selbst gebackenes Baguette kümmern. Denise und Phil werden das allerbeste Fleisch, frische Garnelen und ihren genialen Kräuterdip dabei haben, auf den ich mich seit Wochen freue und den ich voll Heißhunger verzehren werde. Wir werden Wein trinken, den ein oder anderen Cocktail (und davon ein bisschen zu viel) und den Nachtisch wie immer unangetastet lassen. Nachts werde ich wegen des Knoblauchdips 18-mal wachwerden und 5 Liter Wasser trinken, und unser Zuhause wird noch zwei Wochen später nach Raclette-Käse riechen. Wir werden beschließen, nächstes Jahr mal „was anderes" zu machen. Was wir selbstverständlich nicht tun werden. Und das ist auch gut so. Denn in diesem verrückten Ding, das man Leben nennt, gibt es kaum etwas Schöneres als Dinge, auf die man sich einfach verlassen kann. Und gute Freunde.

Aber genug von mir und zurück zum Wesentlichem: dem Essen. Raclette ist eines der Gerichte, das jeden am Tisch glücklich machen kann. Es ist nicht nur mit relativ wenig Vorbereitungsaufwand verbunden, sondern auch ein unheimlich geselliges Essen, das man mit seinen Gästen in großer Runde genießen kann, ohne dass immer jemand zum Kochen in die Küche verschwinden muss. Zudem trifft man mit Raclette auch meist alle Geschmäcker, denn jeder kann braten und überbacken, worauf er gerade Lust hat. Die Möglichkeiten sind quasi unendlich und der Fantasie praktisch keine Grenzen gesetzt. Ob ganz klassisch mit Käse, Kartoffeln und Cornichons, ob ausgefallene Pfännchen mit Pizzateig oder Nudeln oder auch als süßer Abschluss mit Banane und Schokolade – beim Raclette ist alles möglich. Zudem verfügt der praktische Tischgrill über eine heiße Platte, auf der nebenher Fleisch, Garnelen, Fisch und Gemüse brutzeln können.

Obwohl Raclette schon seit Jahren unser traditionelles Silvesteressen ist, ist es bisher noch nie langweilig geworden. Jedes Mal variieren wir ein bisschen mit den Zutaten, und natürlich gibt es neben Käse, Fleisch und Gemüse auch immer eine Auswahl an selbst gemachten Dips, Antipasti vom Markt und knusprigem Baguette.

Mit Fondue habe ich zugegebenermaßen eine Weile zum Warmwerden gebraucht: Ein Topf voll heißem Fett am Tisch und das Garen in der Brühe haben mich anfangs nicht ganz überzeugt, aber nachdem ich in China in einem Hot-Pot-Restaurant zu Abend gegessen habe, musste ich der Sache noch eine Chance geben. Denn mit einer gut gewürzten, aromatisierten Brühe kann ein Fondue zum wahren Genuss werden.

Im folgenden Kapitel gibt es neben Rezepten für leckere Dips und Beilagen noch zusätzlich Tipps für Planung, Einkauf und Vorbereitung.

Mengen richtig planen

Wie viel du wovon brauchst, ist zum einen davon abhängig, wie viele Personen am Tisch sitzen, zum anderen, welche Beilagen gereicht werden. Dann kommt es natürlich auch noch darauf an, ob deine Gäste eher normal oder gerne etwas mehr essen. Für meinen Mann berechne ich zum Beispiel von vornherein die doppelte Menge mit ein und fahre damit meistens gut.

Wieviel Käse darf es sein?

Wer ein Raclette mit reichlich Beilagen, Kartoffeln & Co plant, sollte pro Person etwa 150–200 g Käse vorsehen. Soll es eher klein und ohne viel Schnickschnack zugehen, darf es ruhig auch etwas mehr sein.

Fleisch, Fisch, Gemüse und Brot

Pro Person berechnen wir etwa 200 g Fleisch und etwa 100 g Fisch bzw. Garnelen. Für Gemüse und Ananas ist es immer hilfreich, mit einer Müslischale zu rechnen, denn es kommt erfahrungsgemäß eher selten vor, dass diese nochmal nachgefüllt werden muss. Seid ihr aber alle Vegetarier, könnte die Sache wieder etwas anders aussehen und die Menge an Gemüse erhöht sich dementsprechend. Was die Sättigungsbeilagen betrifft, werden von 1000 g Kartoffeln etwa 6–8 Personen satt, wenn man jeweils ein halbes Baguette pro Person dazu einplant. Was Nudeln betrifft, sind 250 g pro Person völlig ausreichend.

Auf Qualität setzen

Das A & O bei Fondue und Raclette ist selbstverständlich die Qualität der Zutaten. Das Fleisch besorgt man am besten beim Metzger seines Vertrauens, und was den Käse betrifft, lohnt es sich, zum original Schweizer Raclette-Käse zu greifen. Dieser schmeckt unheimlich würzig und intensiv. Selbstverständlich können auch viele andere Käsesorten in der Pfanne landen. Eine kleine Auswahl an aromatischem und gut schmelzendem Käse findet ihr auf der rechten Seite.

An alles gedacht?

Für deinen Raclette-Einkauf solltest du dir auf alle Fälle eine Einkaufsliste schreiben, bevor es in den Supermarkt geht. Bei so vielen Kleinigkeiten kann man schließlich schnell mal den Überblick verlieren. Nützlich ist übrigens auch ein kleiner Check, ob Brennmittel und Verlängerungskabel zur Hand sind und ob Pfännchen und Schaber noch vollzählig vorhanden sind. Wer als Dessert ein süßes Raclette auftischen möchte, kann seine Gäste bitten, ein zweites Gerät mitzubringen. So muss zwischenzeitlich nicht alles gespült und gereinigt werden.

Genügend Zeit einplanen

Die Vorbereitung mag zwar sehr simpel sein, kann aber durch die Vielzahl der Zutaten, die geputzt und geschnippelt werden wollen, auch etwas zeitintensiv sein. Hier kann man die Arbeit wunderbar aufteilen oder eben von vornherein genügend Zeit einplanen. Beim Raclette sollte man zudem bedenken, dass festeres Gemüse, wie z.B. Brokkoli, Möhren, Pilze oder Aubergine, etwas vorgegart werden sollte.

Hier findet ihr noch meine persönliche Raclette-Checkliste, die ihr euch über den QR-Code hinten im Buch ganz unkompliziert ausdrucken könnt!

Gemüse und Obst
Pilze
Paprika
Frühlingszwiebeln
frische Ananas
Zucchini in Scheiben
Cherry-Tomaten
Rucola
Birnen oder Feigen
frische Kräuter, z.B. Basilikum, Rosmarin etc.

Beilagen
gekochte Kartoffeln
Baguette oder Ciabatta
grüner Salat
Antipasti vom Markt (z.B. Oliven, getrocknete Tomaten etc.)

Käse
Raclette-Käse würzig und/oder mild
Mozzarella
Gorgonzola
Brie
Ziegenkäse
Cheddar

Fleisch und Fisch
Schweinelende
Rinderfilet
Hähnchenbrust
Salsiccia-Brät
Pancetta
Bacon-Streifen
frische Garnelen
Lachsfilet

Pfännchen-Ideen

Caprese
Salsiccia-Brät mit Tomate/Mozzarella
Basilikum und Pesto

Elsässer Kartoffeln
Kartoffeln, Crème fraîche, Speck, Brie und Frühlingszwiebel

Birne-Ziegenkäse mit Rinderfilet
Birnen- oder Feigenscheiben, Ziegenkäse, Rosmarin und gebratener Speck oder Rinderfilet

VEGETARISCH

DIPS UND SAUCEN

zum Raclette

DIPS UND SAUCEN SIND FÜR MICH JEDES MAL DAS HIGHLIGHT BEIM RACLETTE, UND AM BESTEN SCHMECKT ES NATÜRLICH SELBST GEMACHT!

SCHNELLE COCKTAILSAUCE

FÜR 1 GLAS À 250 ML

ZUBEREITUNGSZEIT: 5 MINUTEN

ZUTATEN

250 g Mayonnaise
5 EL Tomatenketchup
2 EL Sahne
1 TL Ahornsirup
1–2 EL Cognac
Salz und Pfeffer
einige Spritzer Worcestersauce
Limettensaft nach Geschmack

Alle Zutaten in einem Schälchen verrühren und mindestens 30 Minuten kaltstellen.

LIEBLINGS-KRÄUTERBUTTER

FÜR 250 G KRÄUTERBUTTER

ZUBEREITUNGSZEIT: 15 MINUTEN

ZUTATEN

150 g gemischte Kräuter, z.B. Petersilie, Salbei, Rosmarin, Minze, Thymian
3 kleine Knoblauchzehen
250 g weiche gesalzene Butter
Abrieb einer kleinen Bio-Orange und einer Bio-Limette
2 Prisen Pfeffer

Die Kräuter fein hacken, die Knoblauchzehen schälen und fein reiben.

Alle Zutaten in einen hohen Becher geben und mit einem Handrührgerät vermischen.

Die Butter in einen geeigneten Glasbehälter füllen und im Kühlschrank aufbewahren.

FORTSETZUNG →

SCHARFER KRÄUTER-KNOBLAUCHDIP

FÜR 2 GLÄSER À 200 ML

ZUBEREITUNGSZEIT: 10 MINUTEN

ZUTATEN

1 große Knoblauchzehe
1 kleine Schalotte
150 g Kräuter (ich nehme meist Basilikum, Petersilie, Schnittlauch und Minze)
200 g Frischkäse
100 g Crème fraîche
Salz und Pfeffer
etwas Zitronensaft

Den Knoblauch und die Schalotte schälen und fein hacken. Die Kräuter waschen, trocken schütteln und ebenfalls sehr fein hacken.

Alle Zutaten in einen hohen Messbecher geben und mit einem Stabmixer gut durchpürieren. Mit Salz, Pfeffer und Zitronensaft abschmecken.

HONIG-SENF-SAUCE

FÜR 1 GLAS À 200 ML

ZUBEREITUNGSZEIT: 5 MINUTEN

ZUTATEN

200 g Crème fraîche
3 EL Dijonsenf
4 TL Waldhonig
Salz und Pfeffer
Limettensaft

Alle Zutaten in ein Schälchen geben und gut miteinander verrühren.

THAI-FONDUE

EIN THAI-FONDUE IST GENAU DAS RICHTIGE, UM ES NACH DEN OPULENTEN MENÜS DER FEIERTAGE ETWAS LANGSAMER ANGEHEN ZU LASSEN. STATT ÖL ODER KÄSE KOMMT EINE WÜRZIGE CURRY-KOKOS-BRÜHE IN DEN TOPF. DAZU KÖNNEN JE NACH BELIEBEN VERSCHIEDENE FLEISCHSORTEN, TOFU, GARNELEN ODER LACHS SOWIE VERSCHIEDENE GEMÜSESORTEN GEREICHT WERDEN. BIS AUF DIE GARNELEN SOLLTEN DIE ZUTATEN FÜR DIE EINLAGE MÖGLICHST DÜNN GESCHNITTEN WERDE, SO GEHT DAS GAREN SCHNELLER!
DAZU GIBT ES VERSCHIEDENE DIPS, REISNUDELSALAT UND BASMATIREIS. EINE LOHNENDE INVESTITION IST ÜBRIGENS EIN REISKOCHER! DIESEN GIBT ES MEIST SEHR GÜNSTIG IN ASIA-LÄDEN ODER ONLINE. ER HAT ZUM EINEN DEN VORTEIL, DASS DER REIS SICH PRAKTISCH VON ALLEIN ZUBEREITET UND ÜBER LÄNGERE ZEIT WARMGEHALTEN WERDEN KANN, OHNE DASS ER ANBRENNT ODER ZERKOCHT. ZUM ANDEREN HAT DER DARIN ZUBEREITETE REIS DIE TYPISCHE KLEBREIS-KONSISTENZ, DIE MAN SO MEIST NUR BEIM LIEBLINGSASIATEN BEKOMMT.
DIE BRÜHE AM SCHLUSS KEINESFALLS WEGKIPPEN: MIT ETWAS REISNUDELN ALS EINLAGE ERGIBT SIE EINE GANZ FABELHAFTE SUPPE.

FÜR 6 PERSONEN

ZUBEREITUNGSZEIT: 30 MINUTEN

CURRY-KOKOSBRÜHE

2 Knoblauchzehen
3 Stängel Zitronengras
4 cm Ingwer oder Galgant
800 ml Kokosmilch
250 ml Gemüsebrühe
3 EL Sojasauce
1 EL Palmzucker oder Ahornsirup
1 gehäufter EL rote oder grüne Currypaste
Saft und Abrieb einer Bio-Limette
Thai-Basilikum

Den Knoblauch schälen und pressen. Die Zitronengrasstängel quer einschneiden und mit der Rückseite des Messers andrücken. Den Ingwer schälen und in Scheiben schneiden.

Alle Zutaten bis auf das Thai-Basilikum in den Fonduetopf geben und die Brühe auf dem Herd unter Rühren kurz aufkochen, die Temperatur reduzieren und die Brühe mindestens 20 Minuten köcheln lassen. Ingwer und Zitronengras mit einem kleinen Sieb aus dem Topf nehmen und die Brühe am Tisch erhitzen. Zum Schluss das Basilikum klein hacken und hinzufügen.

GEMÜSEEINLAGE

Möhrenstreifen
Thai-Spargel
Zuckerschoten
Thai-Brokkoli
Champignons
Shiitakepilze
Austernpilze
Sojasprossen
Pak Choi

FISCH UND FLEISCH

Hähnchenbrust
Rinderfilet oder Entrecote
frische Garnelen
Lachsfilet
Tofu

BEILAGEN

Basmatireis
Reisnudelsalat (Seite 195)

FORTSETZUNG →

THAI-HACKBÄLLCHEN

ZUTATEN

1 kleine Zwiebel
2 Knoblauchzehen
2 cm Ingwer
1 Handvoll Thai-Basilikum
3 EL Sojasauce
2 EL Sweet-Chili-Sauce
1 TL rote Currypaste
etwas Salz und Pfeffer
500 g Gehacktes vom Rind

Die Zwiebel, den Knoblauch und den Ingwer schälen und fein hacken. Das Thai-Basilikum ebenfalls fein hacken. Zusammen mit den restlichen Zutaten zu dem Hackfleisch geben und zu einer glatten Masse verkneten.

Aus der Masse kleine Bällchen formen und bis zur Weiterverwendung im Kühlschrank kaltstellen.

ENIS GEHEIMTIPP

Die Bällchen sollten etwas kleiner als ein Golfball sein, so brauchen sie in der heißen Brühe etwa 5–7 Minuten zum Durchgaren.

VEGETARISCH

DIPS UND SAUCEN
zum Fondue

AUCH BEIM FONDUE DÜRFEN DIE PASSENDEN DIPS NATÜRLICH NICHT FEHLEN! DA FLEISCH UND GEMÜSE BEIM FONDUE OFT ETWAS MILDER IM GESCHMACK SIND, BRINGEN DIESE DREI ORDENTLICH AROMA UND AUCH ETWAS SCHÄRFE MIT! DIE ZUGABE VON CHILI IST JEDOCH WIE IMMER OPTIONAL. ZU DEN SELBST GEMACHTEN DIPS KOMMEN NOCH JEWEILS EINE FLASCHE SWEET-CHILI- UND HOISIN-SAUCE AUF DEN TISCH. DIESE GIBT ES IM ASIA-MARKT.

SCHARFER ERDNUSS-DIP

FÜR 1 GLAS À 150 ML

ZUBEREITUNGSZEIT: 10 MINUTEN

ZUTATEN

1–2 cm Ingwer
6 gehäufte EL Erdnussbutter bzw. -mus
4 EL cremige Kokosmilch oder Sahne
2 TL geröstetes Sesamöl
3–4 TL Sojasauce
3 TL brauner Zucker oder Ahornsirup
Saft und Abrieb einer halben Bio-Limette
2 kleine Knoblauchzehen

Den Ingwer schälen und klein schneiden. Alle Zutaten in einen Mixer geben und etwa 40–60 Sekunden cremig pürieren. Sollte die Sauce zu salzig sein, kann noch mehr Ahornsirup oder Kokosmilch dazugeben werden. Wer sie zu süßlich findet, gibt stattdessen etwas Sojasauce hinzu.

FORTSETZUNG →

SÜß-SCHARFER MANGO-DIP

FÜR 1 GLAS À 200 ML

ZUBEREITUNGSZEIT: 10 MINUTEN

ZUTATEN

1 sehr reife Mango
1 Knoblauchzehe
2 TL Sesamöl
2–3 TL Sojasauce
Saft und Abrieb einer halben Bio-Limette
1 kleiner roter Chili
Koriander und Minze

Die Mango schälen, das Fruchtfleisch vom Kern schneiden und würfeln. Den Knoblauch schälen und fein hacken. Alle Zutaten außer die Chilischote und die Kräuter in eine Schüssel geben und mit einem Pürierstab glatt pürieren.

Den Chili entkernen und sehr fein hacken. Etwas Koriander und Minze fein hacken und zusammen mit dem Chili unter den Mango-Dip rühren.

SRIRACHA-MAYONNAISE

FÜR 1 GLAS À 100 ML

ZUBEREITUNGSZEIT: 5 MINUTEN

ZUTATEN

2–3 TL Sriracha-Sauce
100 g Mayonnaise
1 Spritzer Limettensaft

Die Sriracha-Sauce mit der Mayonnaise verrühren und mit Limettensaft abschmecken.

VEGETARISCH

REISNUDEL-SALAT

mit zitronigem Sesam-Soja-Dressing

DIESER SALAT SCHMECKT TATSÄCHLICH SCHON EIN BISSCHEN NACH FRÜHLING! FRISCH, KNACKIG, FRUCHTIG UND LEICHT SCHARF – DER PERFEKTE BEGLEITER ZU FLEISCH UND FISCH!

FÜR 4 PERSONEN
ZUBEREITUNGSZEIT: 25 MINUTEN

SALAT
250 g Reisnudeln
2 Möhren
1 Gurke
1 Mango
1 Avocado
2 Frühlingszwiebeln
etwas Koriander
1 Chilischote
2 EL weißer, gerösteter Sesam
1 EL schwarzer Sesam
3 EL Erdnüsse

DRESSING
1 große Knoblauchzehe
2 cm Ingwer
etwas Koriander und Minze
1 kleine Chilischote (optional)
5 EL Sojasauce
5 EL geröstetes Sesamöl
5 EL Erdnussöl
1 EL Honig oder brauner Zucker
Saft einer Limette

Für die Nudeln ca. 1,5 l Wasser im Wasserkocher aufkochen. Die Reisnudeln in einen großen Topf geben und mit dem heißen Wasser übergießen. Mit gschlossenem Deckel etwa 10–15 Minuten „einweichen" lassen.

In der Zwischenzeit das Gemüse waschen und die Möhren und die Gurke in Juliennestreifen schneiden. Die Mango und die Avocado schälen, entkernen und würfeln, die Frühlingszwiebeln putzen und in Ringe schneiden. Den Koriander hacken, die Chilischote waschen, putzen und in Ringe schneiden.

Für das Dressing den Knoblauch und den Ingwer schälen und fein reiben, die Kräuter hacken, den Chili, falls verwendet, waschen, putzen und fein hacken. Alle Zutaten gut vermischen.

Die Nudeln vorsichtig abgießen und mit kaltem Wasser abschrecken, bis sie ausgekühlt sind. Anschließend das Dressing dazugeben und gut vermischen.

Zuletzt das Gemüse dazugeben und unterheben. Mit der Avocado, der Mango, dem Sesam, den Erdnüssen, den Chiliringen und dem gehackten Koriander bestreuen und servieren.

VEGAN

FROZEN-RASPBERRY-BOWLE

EINE SPRITZIG-ERFRISCHENDE BOWLE, DIE MIT IHRER ANGENEHMEN SÄURE DER PERFEKTE BEGLEITER ZU KÄSE UND FLEISCH IST!

FÜR 6 PERSONEN
ZUBEREITUNGSZEIT: 10 MINUTEN

BOWLE
300 g TK-Himbeeren
4 EL Puderzucker
500 ml halbtrockener Rosé
500 ml Prosecco
50 ml Lillet
250 ml Schweppes Wild Berry

ZUM SERVIEREN
4 Limetten
etwas Minze
Eiswürfel

Die Himbeeren etwas antauen lassen und mit dem Puderzucker glatt pürieren.

In ein Bowlegefäß geben und mit den restlichen Zutaten auffüllen.

Die Limetten und die Minze waschen. Drei Limetten achteln und zusammen mit den Minzblättern zur Bowle geben. Den Saft der vierten Limette auspressen und ebenfalls zur Bowle geben. Mit Eiswürfeln servieren.

VON HERZEN DANKE

Ich werde Weihnachten in meinem Herzen ehren und versuchen, es das ganze Jahr hindurch zu bewahren.

CHARLES DICKENS, „EINE WEIHNACHTSGESCHICHTE“

Ein Buch zu schreiben, ist ein langer und für mich auch sehr persönlicher Prozess. Wer genau mitliest, entdeckt zwischen den Seiten vielleicht nicht nur meine Rezepte und Bilder, sondern auch Einiges von mir – Geschichten, Erinnerungen, Gedanken und ganz viel Liebe.
Das alles wäre ohne die vielen lieben Menschen in meinem Leben kaum möglich, und deshalb freue ich mich von Herzen, an dieser Stelle Danke sagen zu können.
Zuallererst geht mein Dank an meine lieben Leser. Danke euch für eure zahlreichen lieben Nachrichten, für das Nachkochen meiner Rezepte, für das Mitgenießen und eure Unterstützung. Es ist so ein schönes Gefühl zu wissen, dass meine Rezepte in euren Küchen zum Leben erweckt und mit lieben Menschen geteilt werden.
Danke an den Thorbecke Verlag und meine Lektorin Janina, die mir auch dieses Mal inhaltlich und gestalterisch das Vertrauen geschenkt und mir freie Hand gelassen haben, um dieses Buch wirklich zu meinem machen zu können.
Danke an Nadine, die mich mit einigen ihrer wundervollen Bildern unterstützt hat und an so viele andere liebe Kolleginnen, wie Emma, Andrea, Esther, Mara, Mia, Stephanie, Kathrin, Desiree, die mir immer wieder mit Rat und Tat und mentaler Unterstützung zur Seite stehen.
Danke an meine Familie, ganz besonders dafür, dass sie die Weihnachtszeit meiner Kindheit so liebevoll gestaltet und zelebriert hat. Diese Erinnerungen waren für mich die Inspiration zu meinem Buch und haben mich beim Schreiben begleitet.
Ein besonderer Dank gilt natürlich meinem Mann und meinen Weihnachtselfen Max, Matilda und Leo. Mein schönstes Weihnachtsgeschenk wird wohl für immer sein, dass ich eure Mama sein darf.
Und last, aber ganz bestimmt nicht least sind es meine Freunde, die ich hier ganz besonders hervorheben möchte. Man sagt ja immer „Es braucht ein Dorf“, und ich habe das große Glück, mit euch und euren Familien das beste Dorf der Welt zu haben. Steffi, Moni, Ljubi, Denise, Manuela, Lydia, Krissi, Maria, Pamela – Danke, dass ihr mir zu jeder Zeit mit helfenden Händen, mentaler Unterstützung und Zuversicht zur Seite steht! Schön, dass es euch gibt.

Eure Eni

REGISTER

ÜBER ENI

Enikö Gruber, von Freunden und Familie nur Eni genannt, lebt mit ihrem Mann und ihren drei Kindern in der Nähe von Stuttgart. Neben ihrer Arbeit als Buchautorin entwickelt sie als Freiberuflerin Rezepte für unterschiedliche Kochmagazine. In ihrer Freizeit kocht sie am liebsten für ihre Familie und gute Freunde, denn kaum etwas verbindet so sehr wie gutes Essen. Aus dieser Leidenschaft entstand 2017 ihr Food-Blog „No Taste Like Home", auf dem sie für ihre Leser Wohlfühlgerichte aus aller Welt kreiert.

Hier findet ihr Vorlagen für Einladungen und Menükarten sowie meine persönliche Raclette-Checkliste: